LA COLONISATION DE LA RUSSIE ET DU NORD SCANDINAVE

ET

LEUR PLUS ANCIEN ÉTAT DE CIVILISATION.

ESSAI D'ARCHÉOLOGIE PRÉHISTORIQUE COMPARATIVE

PAR

J. J. A. WORSAAE.

TRADUIT PAR

E. BEAUVOIS.

(Extrait des Mémoires de la Société Royale des Antiq. du Nord, 1873 et 1874.)

COPENHAGUE.

IMPRIMERIE DE THIELE.

1875.

A une des séances du premier congrès archéologique russe, tenu à Moscou en Mars-Avril 1869, je passai en revue les monuments préhistoriques de la Russie, en les comparant avec ceux du reste de l'Europe et particulièrement des pays scandinaves; aussitôt on me fit, de divers côtés, de vives instances pour m'engager à traiter ce sujet plus amplement; on alléguait que cette étude comparative serait sans doute de quelque utilité pour l'archéologie de la Russie, où l'intérêt pour les antiquités nationales, si peu connues qu'elles soient, commence à faire de sensibles progrès; et, comme je savais d'avance qu'elles sont encore plus inconnues en dehors de ce pays, je ne fis pas difficulté de me rendre au vœu si flatteur de mes amis russes. Et d'abord, pour étendre le plus possible le cercle de mes lecteurs, en Russie et ailleurs, j'ai pris à tâche de me mettre à la portée des gens du monde, autant que le permet le caractère scientifique de la question. J'ai pleinement conscience de ce qui manque et doit manquer à ces études, en raison

[1]) Discours prononcé à la Société des Antiquaires du Nord dans les séances du 21 Mars et du 18 Avril 1871.

L'original danois, intitulé: *Ruslands og det skandinaviske Nordens Bebyggelse og ældste Kulturforhold*, a paru dans *Aarbøger for nordisk Oldkyndighed og Historie*. 1872, p. 309—430; aussi tiré à part, Copenhague, 1872, 122 p. in-8⁰.

de la récente apparition de l'archéologie préhistorique dans le vaste domaine de la science. Mais ces recherches, je l'espère, jetteront encore plus de jour sur un point important, savoir: que, dans aucun pays, si grand soit-il, les antiquités préhistoriques, quand même elles seraient parfaitement connues dans tous leurs détails, ne peuvent être complètement éclaircies, à moins d'être en même temps examinées dans leurs rapports avec la marche générale de la civilisation et considérées comme de petits anneaux d'une grande chaîne.

Copenhague, Décembre 1872.

La génération actuelle en Europe a eu le spectacle de l'essor inattendu qu'a pris l'archéologie préhistorique. On avait passé des siècles à étudier avec beaucoup d'érudition et de soin, dans les plus anciens documents écrits, l'histoire et la tradition; on pensait remonter ainsi à l'origine des peuples et à leur dispersion sur le globe terrestre; mais on finit par s'apercevoir que, si ces recherches éclairaient les premiers temps historiques, elles laissaient dans l'obscurité les longues périodes où l'espèce humaine a vécu sans avoir d'histoire écrite. C'est en Orient et dans le Sud, ces pays les plus favorisés de la nature, que l'histoire commence le plus tôt; là, comme par exemple en Egypte, elle nous reporte à plus de 4000 ans avant J.-C.; et pourtant elle ne nous fournit pas le moindre éclaircissement sur les grandes migrations des peuples et les divers progrès sociaux qui dès lors avaient peuplé d'immenses territoires et développé une civilisation assez avancée pour donner naissance à l'écriture et à l'histoire. La philologie comparée elle-même qui, de l'examen de la structure des langues et de leurs relations mutuelles, a tiré de précieux éclaircissements sur la parenté et les migrations des peuples, ne remontera pourtant jamais à ces siècles si éloignés où la terre encore vierge offrit pour la première fois la vue de ses magnificences à l'œil de l'homme étonné; aucun reste ne subsiste des langues parlées par les nombreuses races qui doivent certainement s'être succédées avant l'invention de l'écriture figurée ou alphabétique.

Mais, si tel est le cas pour les contrées de l'Asie les plus tôt éclairées des lumières de l'histoire, pour l'Egypte et l'Europe méridionale, combien les notions historiques sur l'Europe occidentale et septentrionale, si tardivement écrites, ne sont-elles pas insuffisantes pour nous renseigner sur l'apparition et la propagation de l'espèce humaine dans ces contrées! et pourtant celles-ci, particulièrement le Nord avec son climat plus rude et plus froid, doivent avoir été peuplées longtemps après les pays du Sud, beaucoup plus favorisés et plus attrayants. En France et en Angleterre, l'histoire remonte à peine à 2000 ans, tandis que dans le Nord de l'Allemagne et la Scandinavie, elle ne donne guère de notions positives que pour les mille dernières années. Cependant, au début de l'histoire, on trouve, aussi bien au Nord qu'au Sud, tant de populations répandues au loin et des civilisations si avancées que, de ces faits seuls, on peut inférer la longue durée des périodes préhistoriques.

L'Europe septentrionale, où les lueurs de l'histoire sont si faibles que l'on sentait doublement le besoin de s'éclairer par d'autres moyens, était naturellement désignée pour être le berceau de l'archéologie préhistorique. Ce que les côtes de la Méditerrannée avaient été pour l'archéologie classique, les rives du Kattégat et de la Baltique devaient l'être, quoique à un moindre degré, pour l'archéologie préhistorique en général. En effet, les innombrables tertres, les pierres debout, les pierres runiques, et les autres monuments de l'antiquité conservés dans le Nord de l'Europe, qui jusque-là n'avaient été qu'imparfaitement connus, devinrent tout d'un coup l'objet des plus soigneuses recherches. En même temps, des collections scientifiques furent formées avec les antiquités nationales, auparavant trop dédaignées en comparaison des antiquités classiques, — avec ces objets, prétendus barbares, de pierre, de bronze, de fer, et d'autres métaux, que l'on découvrait partout dans les marais et les tertres. Les naturalistes se joignirent aux archéologues qui, s'inspirant des tendances nationales du présent, furent bientôt en état de signaler les premières et faibles traces du développement graduel de la civilisation, au Nord, dans les temps préhistoriques. Peu à peu de semblables restes de l'antiquité éveillèrent l'attention dans d'autres pays, où l'on avait antérieurement réuni, à grands frais, les moindres antiquités étrangères et surtout classiques, mais où l'on avait complètement négligé de conserver et de comparer les antiquités nationales des temps préhistoriques ou même des premières périodes historiques. Des découvertes inattendues prouvèrent non-seulement que les aborigènes du littoral de l'Europe occidentale et méridionale, comme ceux du Nord, devaient avoir passé par les mêmes transformations graduelles: les âges de pierre, de bronze et de fer, même par plusieurs subdivisions de ces grandes périodes; mais elles montrèrent en outre que l'Ouest et le Sud avaient dû être déjà habités par l'homme dans un temps où le climat était entièrement différent de celui d'aujourd'hui, — où le renne vivait dans le pays, — et même dans des temps plus anciens encore où l'ours des cavernes, le mammouth, le rhinocéros et d'autres grands mammifères n'avaient pas encore disparu de nos contrées.

Cependant des recherches d'ethnographie avaient été également entreprises, et il en ressortait que l'homme primitif avait, pour ainsi dire, partout commencé de la même façon, c'est-à-dire par l'âge de pierre, dans un état sauvage ou à demi-sauvage où il est resté jusqu'aujourd'hui, ou bien duquel il est sorti, par des influences diverses et de différentes manières, pour s'élever à une plus haute civilisation. Une suite naturelle de cette découverte fut que l'archéologie préhistorique ne pouvait plus désormais se confiner dans certains pays ou certaines parties du monde, mais que, à l'exemple de la philologie comparée, elle devait prendre un caractère comparatif international. Sa mission devint ainsi, jusqu'à un certain point, plus indépendante que celle de l'archéologie historique, sans en excepter même l'archéologie classique, dont l'objet est d'éclaircir les données des documents écrits. Mais il est clair que l'on ne peut ou ne doit jamais tirer une limite trop tranchée entre l'archéologie historique et préhistorique, ou entre l'archéologie et l'histoire en général, qui se touchent inévitablement en tant de points, et qui doivent travailler de concert à mettre dans leur vraie lumière la première apparition de l'espèce humaine et son développement graduel.

Il y a seulement cinq ans que l'archéologie préhistorique se montra pour la première fois avec son caractère international à l'Exposition universelle de Paris (1867). Presque tous les pays de l'Europe y avaient envoyé des spécimens de leurs antiquités nationales les plus caractéristiques; il y avait en outre un assez grand nombre d'objets éthnographiques des autres parties du monde. Ce n'était sans doute pas un tout proprement dit, mais c'était cependant une base assez large pour y asseoir les délibérations du premier grand congrès international qui se tint à Paris à l'époque de l'exposition. Les sceptiques ne pouvaient pas nier plus longtemps que partout, même dans les pays classiques, aussi bien en Italie et en Grèce qu'en Egypte, en Chaldée, en Syrie, etc. il y avait eu d'immenses périodes préhistoriques que l'on pouvait, au moins en partie, éclairer par des monuments et des objets trouvés en terre. La vérité si simple, et pourtant si souvent contestée, que l'antiquité de l'homme remonte beaucoup plus haut que les supputations prétendues historiques ne le faisaient croire, s'imposa dès lors avec la force de l'évidence et excita, comme tout progrès dans le domaine de la libre recherche scientifique, le plus vif intérêt. Bien que les faits en général fussent encore relativement peu nombreux et isolés, il devenait pourtant évident pour tout esprit impartial qu'il fallait faire table rase de toutes les notions contenues dans les sources écrites relativement à l'apparition de l'homme et à l'origine de la civilisation en Europe, et que les questions de ce genre devaient être soumises à un nouvel examen basé sur l'étude comparative et détaillée des plus anciens monuments. En conséquence, les archéologues convinrent de tenir successivement dans les autres pays de l'Europe de semblables congrès internationaux, afin de reconnaître sur place quelles voies avaient été probablement suivies par les premiers immigrants et les grands courants de civilisation. Aussi, les années suivantes, le congrès se réunit-il en Angleterre, à Norwich (1868), et en Danemark, à Copenhague (1869); celui qui devait se tenir en Italie, à Bologne (1870), fut, à cause de la guerre, ajourné à l'année suivante. Son importance particulière lui vint de ce qu'il avait pour tâche de travailler, pour la première fois, au milieu d'un pays classique, à tracer la vraie ligne de démarcation entre les antiquités classiques et préhistoriques que l'on avait jusqu'alors sans cesse confondues. Le dernier congrès, celui de Bruxelles (1872), avait pour principale mission d'étudier les trouvailles faites dans les anciens bancs de gravier et les cavernes à ossements.

Ces études d'archéologie primitive ont suscité, pour ainsi dire partout, et comme par enchantement, tout à la fois de zélés chercheurs et d'importantes collections d'antiquités. Dans ces circonstances, il était naturel que l'attention du monde scientifique se tournât particulièrement vers *la Russie.* C'est une opinion généralement répandue que toutes les races de l'Europe, ou au moins la plupart d'entr'elles, sont venues d'Asie principalement par la Russie méridionale et centrale: les innombrables tertres de ces contrées passent pour avoir été laissés par les peuplades immigrantes qui se portaient successivement de l'est à l'ouest. Dans toutes les questions principales, par exemple celle de savoir si les aborigènes de l'Europe, contemporains du premier âge de pierre, avaient été Lapons ou Finnois; si d'autres races étaient venues dans le dernier âge de pierre avec une civilisation plus avancée; si l'importation des premiers métaux, le bronze et l'or, était due à de nouvelles migrations; si enfin d'autres peuples avaient apporté le fer, etc. etc.; on se tournait sans cesse vers la Russie, d'autant plus que l'analyse chimique des objets en or de l'âge de bronze, au moins pour l'Europe septentrionale, semblait d'abord indiquer l'origine ouralienne de ce métal.

Mais jusqu'aux derniers temps, les antiquités de la Russie ont été peu étudiées ou négligées des savants. Tandis que pour la plupart des contrées européennes, à l'exception de la Russie, les renseignements ne manquaient pas, les archéologues qui ne savaient pas le russe n'avaient accès qu'à un petit nombre de descriptions fidèles des antiquités primitives de la Russie. Les échantillons de ces dernières qui figuraient à l'Exposition universelle de Paris ne suffisaient aucunement à donner l'idée même la plus vague de l'ancien état des choses dans la territoire de l'immense empire[1]). Ils servaient du moins à faire entrevoir aux observateurs perspicaces que les antiquités préhistoriques de la Russie étaient d'un tout autre genre que l'on ne se le figurait généralement. C'était donc pour les archéologues un motif de jeter le plus tôt possible un coup-d'œil comparatif sur les résultats des fouilles faites en Russie, fouilles dont la science pouvait attendre de nouveaux et importants résultats.

Pour ma part, dès l'Exposition universelle de Paris, je pris le parti de ne pas ajourner plus qu'il n'était absolu-

---

1) G. de Mortillet, *Matériaux pour l'histoire de l'homme.* III. p. 309—314.

ment nécessaire, le voyage archéologique en Russie que les événements de 1848 m'avaient empêché de faire. Dans l'intervalle, j'avais eu l'occasion de parcourir la plupart des pays de l'Europe et de visiter leurs plus importantes antiquités que je pouvais ainsi comparer avec celles de la Russie. Les savants de cet empire n'avaient pas non plus négligé d'attirer l'attention sur les antiquités primitives jusqu'alors négligées; l'Académie des Sciences de St.-Petersbourg avait notamment, sur la proposition du naturaliste Baer et du linguiste Schiefner, fait répandre dans l'empire une édition, avec texte russe (1861), de mes *Figures d'antiquités septentrionales*, le tout afin d'exciter les amateurs à recueillir et à collectionner de semblables objets dans toutes les provinces.

Plus tard, au printemps de 1869, précisément à l'époque où se faisaient les préparatifs pour le congrès archéologique international de Copenhague, on me fit l'honneur de m'inviter, bien qu'étranger, à prendre part au premier congrès spécial des archéologues russes qui devaient se réunir peu après à Moscou, aux mois de Mars et Avril. Malgré le froid qui régnait encore en Russie, je n'hésitai pas à saisir une si rare occasion de rencontrer des archéologues venus de toutes les parties de la Russie, et de visiter les antiquités variées qui devaient sans doute être exposées et discutées à cette réunion.

Outre l'intérêt archéologique général qu'il y avait pour moi à me familiariser quelque peu, avant l'ouverture du congrès de Copenhague, avec les antiquités du grand empire qui jusque là avait été comme un livre fermé, je devais être encore plus fortement attiré dans ce pays par un intérêt spécialement septentrional. On sait en effet que bien des personnes, au Nord, considèrent comme un fait certain l'immigration de la race septentrionale proprement dite qui, sous la conduite d'Odin et des Ases, serait venue de l'Asgard, ou pays des Ases, situé près de la Mer noire, en traversant la Russie centrale. On a même prétendu que, dans ce trajet, plusieurs bandes d'émigrants s'arrêtèrent longtemps dans l'intérieur de la Russie, que ce fut l'origine des relations fréquentes qui, jusqu'à la fin du paganisme, se continuèrent entre le Nord et la Russie, où les Septentrionaux fondèrent des colonies dont l'existence et l'influence sur la formation de l'empire russe fournissent encore matière à discussion. On va même plus loin en admettant que ce fut aussi l'origine des relations plus étendues, qui avaient lieu par la Russie, entre le Nord, Byzance et les Khalifats arabes de l'Asie.

Il importait donc de soumettre cette thèse à un nouvel examen, en comparant aussi impartialement que possible les faits recueillis en Russie avec ceux observés dans différentes contrées du Nord, et de suivre de nouveau la voie ouverte depuis longtemps par les linguistes septentrionaux (Rask et Westergaard), qui avaient passé par la Russie, en allant dans l'Inde, ce berceau supposé de la race et de la langue Scandinaves.

I.

AGE DE PIERRE.

A. Période du Mammouth (1re du plus ancien âge de pierre).

Bien que, à certains égards, il eût été plus commode de visiter la Russie dans une meilleure saison que la fin de l'hiver, on ne peut nier d'un autre côté que la Russie ne se montre précisément alors sous son aspect le plus caractéristique. Un voyageur scandinave, familiarisé avec l'hiver de la Norvége et de la Suède, ne manquera pas de trouver souvent des ressemblances frappantes entre les plaines de neige, les forêts de sapin, et les maisons de bois qu'il voit en Russie et celles qu'il a vues dans la péninsule scandinave. Mais l'immense étendue des champs de neige et des plateaux, jointe aux formes fantastiques et aux couleurs variées des coupoles d'église, lui rappellera pourtant sans cesse qu'il est dans un autre pays, à la limite de l'Europe et de l'Asie. Cependant si le voyageur est archéologue et qu'il ait pour mission d'étudier l'arrivée et l'établissement des premières populations en Europe, l'aspect hivernal de la Russie, comme de la Norvége et de la Suède, l'amènera bientôt à la conclusion que les régions boréales, et surtout la Russie moyenne et centrale, même dans leur état actuel, ne pouvaient, avec leur hiver si long et si rigoureux, passer pour avoir été les premières habitées; elles doivent plutôt avoir été au nombre des dernières contrées de l'Europe qui aient été peuplées ou même simplement choisies pour les communications entre l'Europe et l'Asie. Et à cette époque primitive, combien leur situation n'était-elle pas différente de ce qu'elle est aujourd'hui? A la vérité, les steppes et les plaines de la Russie centrale ne peuvent avoir présenté à la colonisation et aux migrations d'aussi grands obstacles que les hautes montagnes et les gorges étroites de la péninsule scandinave et de la Finlande. Mais, dans les temps reculés, pendant l'âge de pierre, avant que la connaissance des métaux n'eût donné aux émigrants les moyens de faire des éclaircies dans les immenses forêts vierges, avant que l'agriculture et les besoins du commerce n'eussent frayé des voies à travers les marécages et les cours d'eau, il devait être difficile, on le sait par l'exemple de l'Amérique, pour des peuplades entières de s'avancer, même à l'aide des grands fleuves, à travers les plaines de la Russie en partie boisées et couvertes de marais. En tout cas, le mouvement en avant y devait être plus pénible et plus lent que sur le littoral toujours plus ouvert et mieux pourvu de moyens de subsistance. A ce point de vue déjà, il est plus vraisemblable que la Russie méridionale, en raison de la proximité de la mer et de son climat incomparablement plus doux, a été peuplée beaucoup plus tôt que les contrées centrale et septentrionale de l'empire. Mais la question de l'apparition de l'homme en Russie doit en général être considérée dans ses relations, partie avec les populations primitives de l'Europe, partie avec les antiquités trouvées dans la Russie même.

Les plus anciens vestiges de l'homme que l'on ait découverts en Europe, l'ont été vers le Sud et l'Ouest, principalement sur le littoral de la Méditerranée et de l'Océan Atlantique, et ils remontent à une antiquité si reculée que l'Europe doit avoir eu alors un autre climat et un aspect tout différent de celui d'aujourd'hui. Ils semblent évidemment se rapprocher de la période dite glaciaire, où de grands espaces du sol européen, aussi bien au Sud qu'au Nord, étaient couverts d'immenses glaciers dont les derniers restes importants se voient encore au sommet des Alpes et des montagnes de la Norvége. Ce qui devait plus tard former l'Europe, était alors, comme l'intérieur du Grœnland l'est aujourd'hui, couvert d'une couche de glace épaisse de plusieurs milliers de pieds, attendant le moment d'être dégagé de cette énorme pression. Mais ces amas de glace ne fondirent que lentement et, en glissant du haut des montagnes, ils ne furent pas sans exercer une influence sur les régions plus basses; les vallées et les marécages se remplirent de cailloux, de gravier, d'humus, que les glaces avaient entraînés. C'est au Sud et à l'Ouest que cette débâcle parait s'être produite le plus tôt et dans sa plus grande étendue, et c'est là aussi que la terre devint le plus tôt habitable. Il n'est pas improbable que l'homme ait vécu des siècles dans l'Europe méridionale, surtout près de la Méditerranée et de l'Océan Atlantique, avant que l'Europe septentrionale se fût dépouillée de la puissante enveloppe de glace qui cachait la péninsule scandinave et la Finlande, et qui remplissait non-seulement la mer Baltique, alors relié à la mer Glaciale et à la mer du Nord, mais encore la mer Blanche avec les immenses lacs situés dans l'endroit où sont aujourd'hui les plaines de la Russie centrale. Car il fallait d'abord que la Manche se formât entre la France et l'Angleterre, et que la Baltique cessât d'être en communication avec la mer Glaciale arctique, pour que les pays danois et généralement tout le littoral de la Baltique pussent prendre leur forme actuelle.

Il est peut-être prématuré de vouloir dès aujourd'hui tirer de trouvailles, peu nombreuses et isolées, des conclusions positives relativement à la direction suivie par les aborigènes pour se répandre en Europe. Mais, comme le littoral de la Baltique a été le berceau de l'archéologie préhistorique, et que l'on y a principalement réuni et étudié les antiquités de l'âge de pierre, il est très-remarquable que, parmi les nombreuses trouvailles de cet âge faites au Nord de l'Europe (y compris la Russie septentrionale et centrale), on n'en puisse pas signaler une seule où des ossements caractéristiques mêlés à de grossiers instruments de pierre suffisent à démontrer pour le Nord de l'Europe (comme c'est le cas pour l'Angleterre et la France), la coéxistence de l'homme avec le mammouth et les autres grands mammifères éteints en Europe. Les primitifs instruments de pierre, qui caractérisent cette période lointaine, n'offrent d'analogies avec les types septentrionaux que pour des détails évidemment accidentels et insignifiants; on les retrouve au contraire plus loin vers le Sud, par exemple en Espagne et en Italie, quelquefois même en Angleterre et en France; bien plus, jusqu'en Asie, par exemple sous les fondations des murs d'enceinte de Babylone, et dans l'Inde sous des couches géologiques qui supposent d'antiques révolutions terrestres; en un mot: partout dans des circonstances qui dénotent une très-grande ancienneté. Quelques géologues ont cru pouvoir faire remonter l'apparition de l'homme au-delà de la période quaternaire qui dure encore, et la placent dans la période précédente, dite tertiaire;

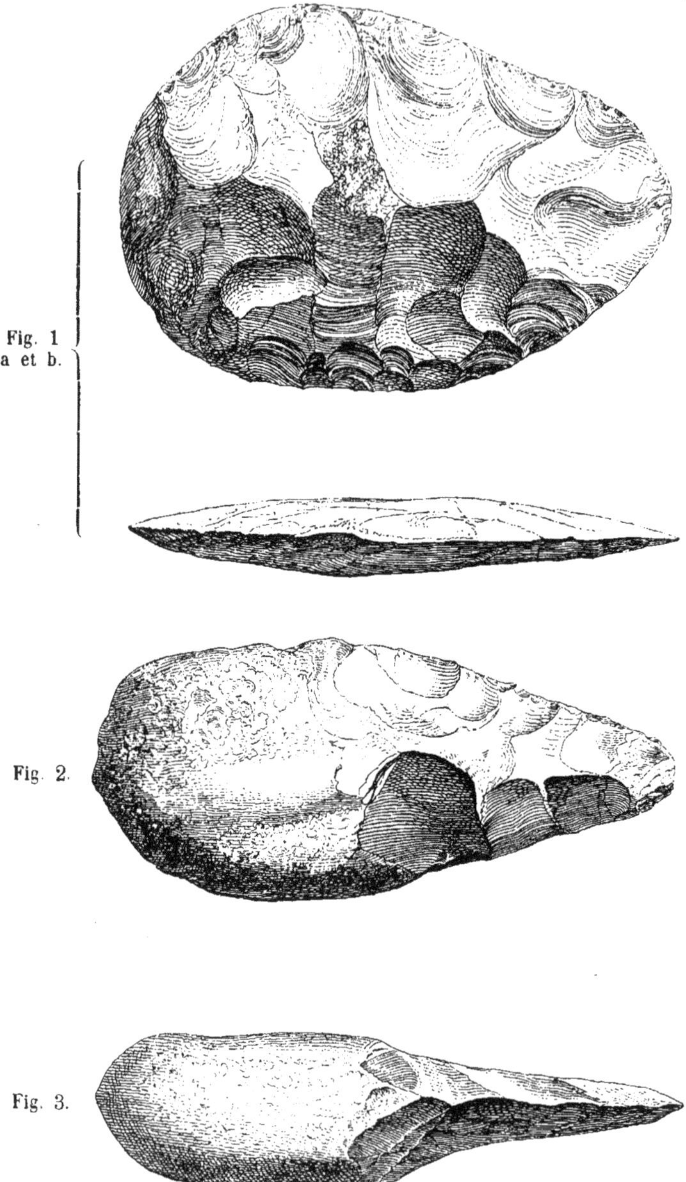

Outils en pierre de l'époque du Mammouth.

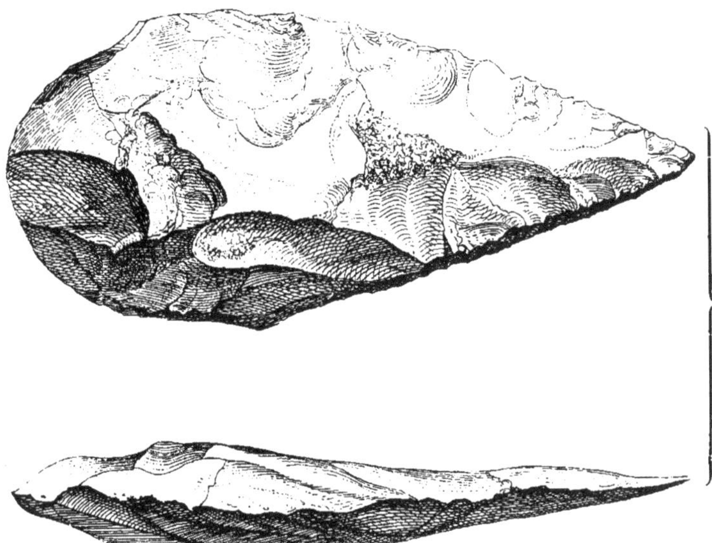

Fig. 4 a et b.

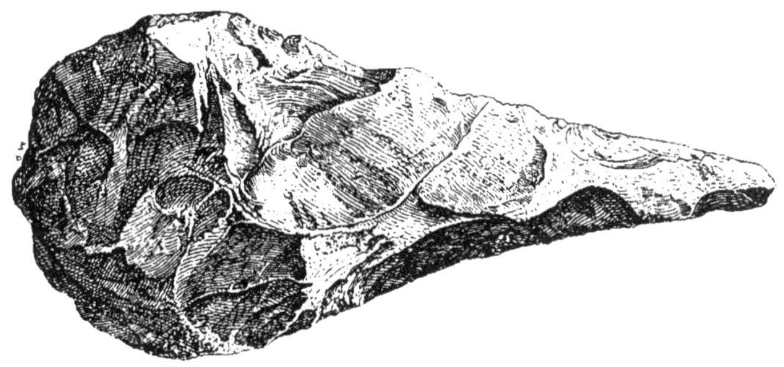

Fig. 5.

Outils en pierre de l'époque du Mammouth.

mais cette opinion n'a pas encore droit de cité dans la science et elle ne l'acquerra que si elle est appuyée par des preuves incontestables.

Si les pays Scandinaves, ainsi que l'Allemagne septentrionale et la Russie, n'offrent pas de vestiges de l'homme dans la période du Mammouth, en revanche il n'y manque pas de traces d'animaux qui vivaient à cette époque. On a trouvé des restes du Mammouth non-seulement dans les cavernes de la Westphalie, mais encore à plusieurs reprises dans l'Allemagne septentrionale, en Russie et en Danemark; il est juste d'ajouter que, aux yeux de quelques savants, ces restes ont pu être apportés avec les terres que les glaciers entraînaient dans leur marche descendante. Il faut néanmoins se rappeler que, jusqu'ici, l'on n'a pas recueilli de restes du mammouth dans la Norvége et la Suède proprement dite, tandis qu'il s'en trouve fréquemment, comme on sait, sous les glaces, en Sibérie, où ils sont dans un état de conservation remarquable, ayant parfois encore le poil et la peau. Il est vrai que, dans ce cas également, on a prétendu que ces restes avaient été apportés par les glaces et venaient de pays plus méridionaux. Mais d'autres savants admettent que le Mammouth a dû vivre très-longtemps dans les contrées où il s'en trouve qui, après avoir été cachés sous les glaces pendant des siècles, reparaissent de nos jours presque intacts, à la grande stupéfaction des contemporains.

B. La période du renne et des débris culinaires (2e du plus ancien âge de pierre).

Les aborigènes encore sauvages de l'Europe méridionale et occidentale durent mener une vie misérable pendant de nombreuses, pour ne pas dire d'innombrables générations. Ils avaient sans cesse à se défendre, non-seulement contre les ennemis de leur race, mais encore contre les terribles animaux qui les entouraient de toutes parts, et en même temps contre l'influence du climat, contre les miasmes délétères des forêts vierges et des marais. Mais il était impossible que la nécessité ne leur apprît pas à détruire les animaux nuisibles, au moyen de trappes, de lacets, etc., et à suppléer par des artifices l'imperfection de leurs simples instruments de pierre. Ces derniers d'ailleurs, aussi primitifs qu'ils fussent, pouvaient servir à des usages multiples, comme à écorcher et à dépécer les gros animaux, à chasser les petits, à pêcher dans les rivières coulant alors à pleins bords, en un mot à faire tout ce qui était le plus nécessaire pour les besoins de la vie. Cependant les grands mammifères: le mammouth, le rhinocéros, le *bos moschatus*, le *bos primigenius Boj.*, et l'ours, la hyène et le tigre fossiles, disparaissent successivement, soit en raison de ce qu'ils étaient sans cesse poursuivis par les chasseurs, soit parcequ'ils émigraient vers des contrées plus froides, à cause de l'adoucissement graduel, quoique lent, de la température dans leurs stations primitives. Les glaciers diminuaient de plus en plus et de grandes contrées, débarrassées de leur linceul de glace, devinrent habitables en Europe. Pourtant le climat était encore assez froid, même au Sud et à l'Occident, pour que le renne, qui existait déjà dans la période du mammouth, continuât longtemps, très-longtemps encore, à être la principale base de l'alimentation humaine. Cet animal ne devait pas être en état de domesticité, comme le sont aujourd'hui les rennes des Finnois et des Lapons[1]). Le climat était encore assez froid, au Nord

[1]) Lorsque M. Fraas s'appuyant sur les trouvailles, d'ailleurs fort remarquables faites dans les cavernes de la Souabe (*Archiv für Anthropologie.* V. 173 et s.), où des ossements de mammouth sont mêlés à des os de renne, dénie aux archéologues anglais et français le droit d'établir une période du mammouth et de la placer avant celle du renne, il faut se rappeler que des faits isolés observés dans une région aussi

et au Sud, pour que la population pût accumuler, soit dans les cavernes naturelles où elle cherchait un asile contre les intempéries de l'air, les bêtes féroces ou les surprises de l'ennemi, soit à proximité de ces cavernes, les débris culinaires dont la fétidité serait bientôt devenue insupportable sous un climat plus doux. On a en outre remarqué dans ces débris des ossements d'animaux divers (par exemple la chouette de neige) qui appartiennent exclusivement aux pays froids et qui par conséquent indiquent que le climat était alors bien différent de celui d'aujourd'hui. Ces ossements démontrent en général que les grands mammifères s'éteignirent ou disparurent au fur et à mesure de l'accroissement des espèces actuelles: le *bos urus*, le cerf, l'élan, le sanglier etc. qui étaient plus faciles à chasser et à abattre. Il n'est pas non plus invraisemblable que la faune des cours d'eaux qui diminuait sans cesse, par suite de la disparition des glaciers, ait subi un semblable décroissement, ce qui facilitait considérablement la pêche et la chasse des animaux marins.

En tout cas, il est d'un grand intérêt de voir comment les grands et grossiers instruments de pierre de la période du mammouth furent remplacés dans la période du renne par des outils de pierre et d'os, en général remarquablement petits et plus élégants; et ce raffinement devait dépendre en grande partie, mais non pas exclusivement, d'une habileté plus grande à mettre en œuvre les matériaux donnés, et des progrès de la civilisation. Aussi bien, les besoins qu'avaient à satisfaire l'esprit inventif et l'activité

---

enfoncée dans les terres que l'est la Souabe, ne peuvent détruire les observations nombreuses et concordantes recueillies dans les pays maritimes du Sud et de l'Ouest qui ont été certainement peuplés beaucoup plus tôt. Les trouvailles de la Souabe doivent essentiellement appartenir à la transition entre les deux périodes, transition qui est si vraisemblable et qui d'ailleurs a été observée autre part.

de l'homme, avaient peu à peu changé de caractère. Les éclats et les pointes de silex, que la connaissance des veines de ce caillou et une certaine habileté manuelle permettaient de lever en grande quantité et qui, sous forme de couteaux, scies, râpes, pointes de flèches, harpons, etc. se répandirent partout, pendant toutes les périodes de l'âge de pierre, sont extrêmement nombreux dans celle-ci. Au contraire, les outils de pierre complètement formés, taillés avec art, polis avec soin et en partie décorés, qui, vers la fin de l'âge de pierre, sont ordinairement mêlés avec ceux de la précédente catégorie, manquent encore absolument dans cette seconde période, dont les outils en pierre sont, pour l'exécution et la variété des formes, généralement inférieurs aux instruments en os, faits d'une matière qui se laissait mieux sculpter, graver et polir. Plusieurs de ces objets en os portent la marque du sentiment de la forme et de l'art qui commençait à s'éveiller chez les sauvages d'alors. Les figures d'animaux sculptées sur ces objets sont d'une conception et d'un dessin qui peuvent exciter la surprise; mais, d'autre part, elles rappellent d'une façon frappante de semblables sculptures en os faites de nos jours chez certaines tribus d'Esquimaux qui peuvent, à différents égards, être comparées aux antiques populations de la période du renne.

Ces dernières se sont, d'après tout ce qui a été observé, répandues plus au large que les peuples de la période du mammouth; mais, comme ceux-ci, elles avaient pourtant encore leur principal siège dans les contrées méridionale et occidentale de l'Europe et probablement aussi dans la partie la plus méridionale de la Russie, bien que jusqu'ici l'on manque de documents positifs à cet égard. Ce n'est que graduellement qu'une civilisation plus développée et une population plus dense, après s'être répandues au Sud et à l'Ouest, s'étendirent jusqu'au Nord de l'Europe, en suivant comme aujourd'hui le bord des fleuves et le littoral de la mer. Elles s'approchèrent ainsi des côtes de la Baltique, où certaines contrées étaient devenues habitables et où la manière de vivre primitive, basée principalement sur la chasse et la pêche, put en raison de la situation écartée du pays continuer longtemps à se maintenir, même lorsque d'autres progrès se furent accomplis dans les contrées plus méridionales.

Cette branche cadette de la population européenne pendant le plus ancien âge de pierre, ce rameau septentrional semble avoir tout à la fois, à cause de la nature du pays, vécu d'une autre façon que ses congénères du midi et occupé à l'origine une partie relativement petite des contrées boréales.

A l'inverse de ce que l'on devrait attendre, le renne n'avait pas alors une si grande importance pour l'Europe septentrionale que pour les pays méridionaux et occidentaux. D'antiques ossements de renne se trouvent certainement en plus grande quantité que les restes de mammouth, sur toute l'étendue du plateau nordeuropéen, y compris le Danemark actuel et la Scanie, jusque dans les provinces baltiques de la Russie, et même plus loin vers l'est. Il est extrêmement rare, pour le moment du moins, d'y rencontrer des bois ou des os de renne qui portent des marques de l'industrie humaine, et notamment l'on n'a pas, que je sache, découvert au Nord de grands amas d'ossements de renne datant de l'âge de pierre, fendus et brisés, qui puissent attester que les populations septentrionales aient, comme celles du sud, fait du renne la base de leur alimentation. A quoi il faut ajouter que l'espèce ou les espèces de rennes, spéciales à l'ancien âge de pierre, n'ont pas laissé de traces de leur séjour dans les contrées septentrionales à une latitude plus élevée que la limite des basses terres, c'est-à-dire la Scanie septentrionale et en général la partie la plus méridionale de la péninsule scandinave. Dans ces basses terres au contraire on n'a pas exhumé de restes de l'espèce de renne aujourd'hui répandue dans le Finmark, la Laponie, le Nord

2*

de la Scandinavie et les contrées septentrionales de la Russie, pays où ce quadrupède en partie apprivoisé vit en grand troupeau et sert à des usages multiples. Dans les vastes contrées situées entre la Scanie et la Laponie, contrées qui dans l'antiquité étaient couvertes de forêts impénétrables, on n'a pas non plus découvert d'anciens vestiges des nombreux, et certainement encore grands troupeaux de rennes, avec lesquels les Finnois et les Lapons, s'ils avaient été réellement expulsés des pays plus méridionaux, auraient dû se retirer peu à peu vers l'extrême Nord[1]). Comme plusieurs circonstances indiquent que toute la partie septentrionale de la péninsule scandinave a été peuplée à une date relativement récente, on voit de suite que l'on ne saurait assez distinguer, parmi les peuples vivant du renne, entre les nomades actuels, Finnois et Lapons, et les populations depuis longtemps disparues. Ceux-là, comme nous le verrons, viennent sans doute de l'Asie septentrionale et n'ont été amenés que tardivement, par un courant d'émigration, parti du nord de l'Asie et se dirigeant vers l'Ouest, par les régions les plus septentrionales de la Russie actuelle. Ceux-ci, les chasseurs et les pêcheurs de l'âge de pierre, ainsi que les races primitives congénères, viennent de l'Europe méridionale et n'ont émigré que graduellement vers le Nord, en suivant les bords de l'Océan atlantique et des grands fleuves, jusqu'à ce que leurs postes les plus avancés se fussent arrêtés vers la limite méridionale des hauts plateaux alors inhabités de la péninsule scandinave.

On ne saurait encore déterminer précisément, jusqu'à quel point les contrées septentrionales avaient déjà leur

[1]) *Congrès international d'anthropologie et d'archéologie préhistoriques. 2e session. Paris. 1867.* Compte rendu, Paris 1868. p. 67: «M. Nilsson répète qu'il y a des différences entre le renne fossile de la Scanie et le renne sauvage vivant aujourd'hui dans le Nord. Il ajoute qu'entre ces deux régions, on ne rencontre aucun vestige de cet animal.»

forme actuelle, du moins dans ses principaux contours, à l'arrivée des populations de l'ancien âge de pierre dans les pays bas de la Baltique, vers le temps où la période du renne finit et où le dernier âge de pierre commence au sud et à l'ouest de l'Europe. Il est en tout cas certain, pour ce qui concerne le Danemark, que ces émigrants y trouvèrent quantité de petites îles qui plus tard ont été unies avec la péninsule jutlandaise et des îles plus considérables. Ils s'établirent d'abord non seulement sur le littoral découvert de la mer, sur les rives des golfes, près des lacs et dans leurs îlots, mais surtout dans les petites îles qui, séparées des impénétrables et dangereuses forêts vierges, protégeaient mieux leurs habitants contre les attaques soudaines de l'ennemi et des bêtes féroces. Les forêts qui, avant l'apparition du chêne et du hêtre, paraissent avoir été composées d'arbres conifères, étaient, comme les bruyères et les marécages qui couvraient l'intérieur du pays, remplies de toute sorte de gibier. Les lacs, les rivières et la mer, fournissaient en abondance du poisson, des huîtres, des moules et d'autres coquillages comestibles, des phoques, etc. etc. Les immenses forêts, qui touchaient presque partout au littoral, offraient aux misérables huttes faites de terre et de bois des abris contre les orages et les frimas, tandis que les fraîches brises de mer emportaient les exhalaisons humides et malsaines des forêts vierges. Il n'était donc pas étonnant que les pays danois devinssent la résidence préférée de peuplades n'ayant en leur possession que des outils de pierre et d'os peu perfectionnés, mais qui leur suffisaient pour se procurer, avec peu d'efforts, les moyens de se sustenter. De nombreux et grands amas d'ossements fendus, de coquillages d'huîtres, de moules et d'escargots, et d'autres débris culinaires, connus sous le nom de *kjœkkenmœddings*, attestent l'état primitif dans lequel se trouvaient encore ces peuples chasseurs et pêcheurs qui sans doute connaissaient le feu, mais qui, du moins au commencement, ne possédaient pas d'autres animaux domestiques que le chien. De même que leurs congénères méridionaux et occidentaux, ils ne savaient d'abord que lever de simples éclats de silex pour en faire de grossiers instruments non polis. Ils ne faisaient que les ébaucher, tandis qu'ils donnaient beaucoup plus de soins à leurs outils faits de pierres moins dures, lesquelles aussi étaient plus faciles à polir et ne pouvaient être employées avec quelque profit sans avoir reçu cette polissure. Ils soignaient aussi leurs outils d'os et leurs vases de terre cuite qui offrent déjà des marques évidentes d'ornementation. L'abondance des ressources alimentaires et la nature de leur pays insulaire les engagèrent de bonne heure à s'établir à poste fixe, à s'accroître et à s'étendre dans d'heureuses circonstances. A beaucoup de points de vue, ils se rapprochaient incontestablement de quelques peuplades peu avancées qui se sont perpétuées jusqu'à nos jours, comme par exemple les indigènes de la Terre de feu. Pourtant, comme l'ancien âge de pierre, à en juger d'après ses vestiges, a dû avoir une très-longue durée sur le littoral du Kattegat et de la Baltique, en même temps que le dernier âge de pierre, plus développé, s'épanouissait à l'Ouest et au Sud, et comme il est certain que, par une transition lente et régulière, les deux périodes se confondirent également au Nord, il va de soi qu'il peut y avoir des différences sensibles entre les plus anciens et les plus récents amas de débris culinaires; dans ces derniers, par exemple, on peut exceptionnellement retrouver des silex polis et des restes d'animaux domestiques[1]).

[1]) Ainsi, il est entré au Musée des antiquités de Copenhague une dent de cheval et un fragment de l'os frontal d'un bouc, provenant du tas de débris culinaires de Krabbesholm, près Skive. Leur aspect, un peu différent de celui des autres ossements de même provenance, et leur bon état de conservation, peuvent tenir simplement à ce qu'ils se trouvaient dans la couche la plus élevée et la plus récente. Cfr. *Undersøgelser i geologisk-antiquarisk Retning*, I. Copenhague 1851, p. 49.

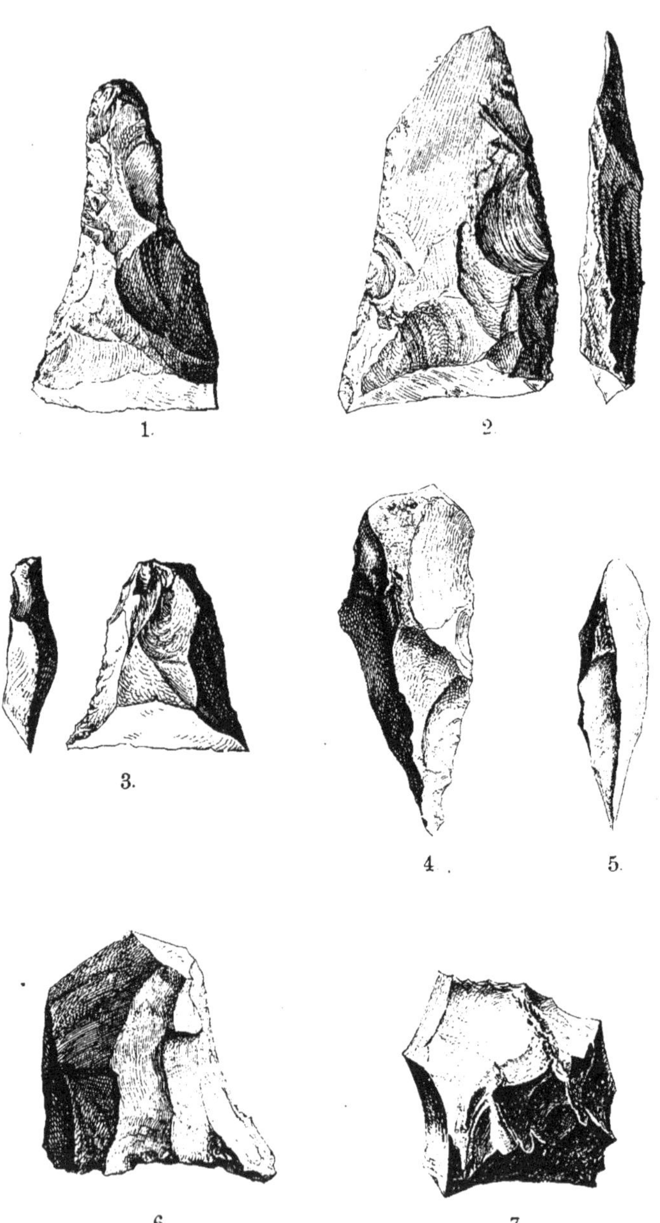

Fig. 1—7. Silex du kjœkkenmœdding de Sœlager. ½.

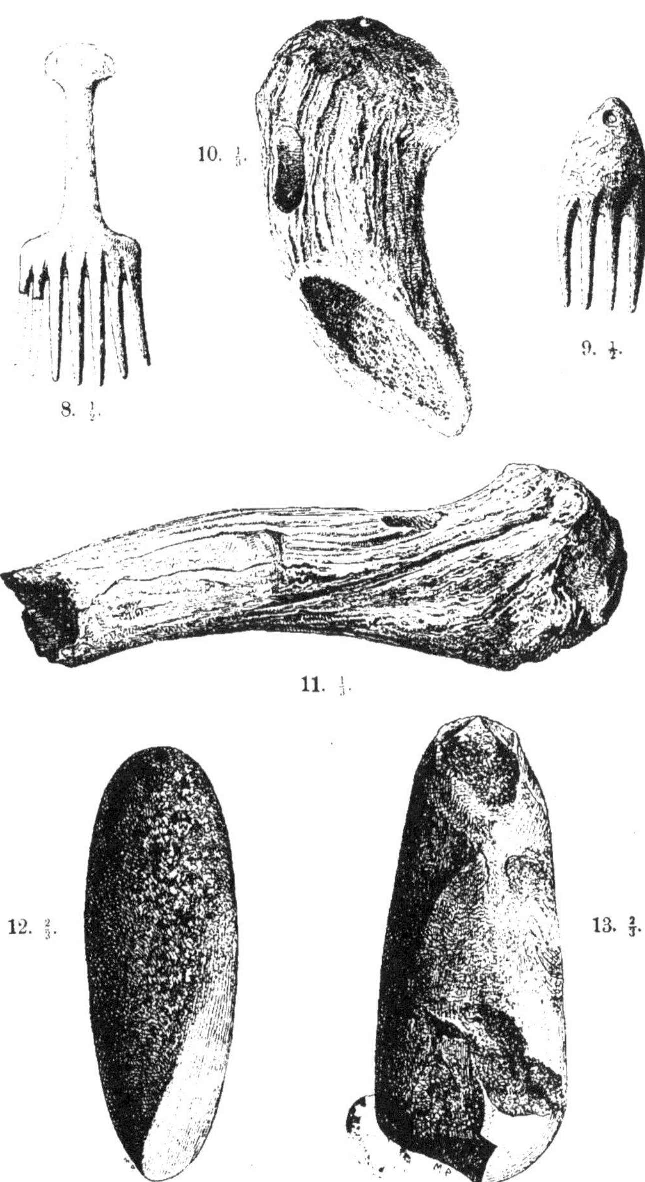

Fig. 8—11. Outils en os du kjœkkenmœdding de Meilgaard.
Fig. 12—13. Hachettes en grès de Sœlager.

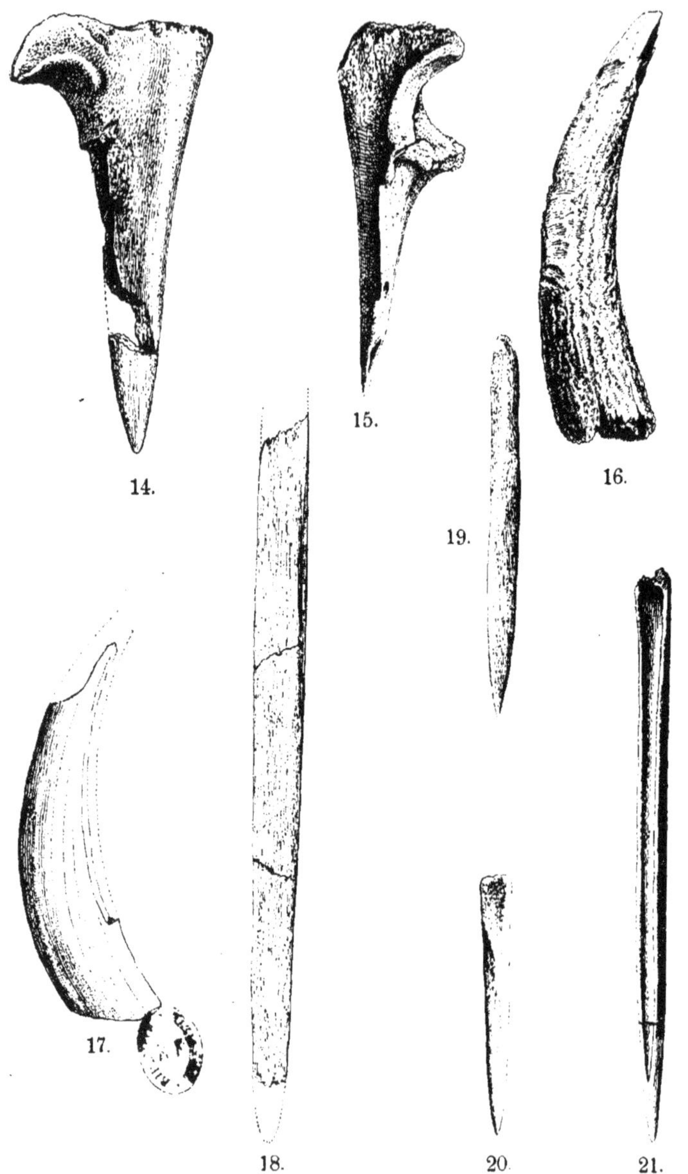

Fig. 14—21. Outils en os du kjœkkenmœdding de Sœlager. $\frac{2}{3}$.

Jusqu'ici, ni les tas de débris culinaires, ni les outils d'os, ni les outils de pierre petits et grossiers qui caractérisent ces kjœkkenmœddings et les cavernes à ossements de renne, à l'ouest et au sud de l'Europe, n'ont été découverts soit en Norvège, soit en Suède au nord de la Scanie et du Halland, ou en d'autres termes hors des territoires parcourus par le renne de l'ancienne espèce. A l'ouest, ils s'arrêtent dans les îles de Bornholm et de Rügen, et il n'en a pas été trouvé sur le littoral de la Prusse, dans les provinces baltiques, en Finlande, ou dans le reste de la Russie septentrionale et centrale. Cependant, comme il y a dans ces contrées et même en grande quantité, des outils de pierre finement travaillés et soigneusement polis, il est fort rationnel de croire que la race de l'ancien âge de pierre ne s'est, pour ainsi dire, pas étendue en dehors des terres basses de la Scandinavie, et que toutes les contrées situées au nord et à l'est de ces pays, de même que l'intérieur ou le centre de l'Europe, n'étaient pas encore peuplées, ou peut-être en partie n'étaient ni appropriées ni attrayantes pour une résidence fixe.

C. Période des tombeaux mégalithiques (le dernier âge de pierre).

C'est seulement dans la dernière période de l'âge de pierre que l'on signale des traces évidentes de l'apparition de l'homme dans l'Europe septentrionale et orientale, notamment dans les hautes régions de la Scandinavie, en Finlande et dans le reste de l'empire russe. Mais, de même que, dans l'ancien âge de pierre, les contrées méridionales de la Russie, situées près de la mer Noire et de la mer Caspienne, ont pu être habitées, tandis que toute la Russie méridionale et centrale restait déserte, de même il est vraisemblable, qu'un empire étendu, comme l'est à elle seule la Russie européenne, doit avoir présenté pendant le dernier âge de pierre des différences importantes, en ce qui concerne la direction des migrations et le développement de la civilisation dans ses parties méridionale et septentrionale. C'est ce qui ressort aussi précisément des faits qui ont été constatés tout à la fois en Russie et dans d'autres pays.

Depuis nombres d'années déjà, on a remarqué que, sur le littoral de la mer Noire, dans la péninsule de Crimée, il se trouve des monuments en pierre de l'espèce de ceux que l'on appelle *steendysser*, *jættestuer*, *dolmen*, *cromlech*, *antas*, etc. Ils se composent de grandes pierres disposées de manière à former un caveau recouvert d'énormes dalles et qui, peut-être à l'origine, l'était d'un amas de terre. Plus tard on a

Dolmen situé près de Gaspra en Crimée, d'après Dubois de Montpéreux.

constaté l'existence de semblables monuments dans la Russie méridionale, notamment entre le Dnieper et le Dniester, au nord d'Odessa. Les figures de ces derniers ont été publiées dans les mémoires de l'Académie d'Odessa. Des notices plus récentes parlent de *kurjeme* ou *dolmen*, de 6 à 18 pieds de hauteur, situés en Podolie près du Dniester et d'une sépulture contenant quatorze squelettes assis et ayant chacun une hache de pierre à la main[1]). On a également découvert des outils de pierre finis et polis, aussi bien dans ces contrées que plus loin vers le Nord, par exemple dans les gouvernements de Riæzan et de Kiew, et dans cette dernière province, il s'en trouvait dans des tombeaux avec des restes de cadavres non brûlés et dans un tombeau avec un amas d'ossements de cheval[2]).

Ainsi l'on retrouve, bien que sporadiquement, au sud de la Russie, les mêmes phénomènes qui ont été déjà observés, peut-être dans l'Inde et en Perse, sûrement dans la Judée et dans la plupart des autres pays maritimes au nord et au sud de la Méditerranée, sur les côtes orientales de l'Océan Atlantique jusque dans les îles Britanniques, et sur le littoral occidental de la Baltique. Dans tous ces pays en effet, on connaît des caveaux de pierres analogues, contenant ordinairement des cadavres qui n'ont point passé par le feu, souvent placés sur leur séant, comme en Podolie, et accompagnés d'instruments de pierre et d'os polis et remarquablement bien taillés, de parures en os, en coquillages et en ambre, de vases de terre cuite, dont la forme et l'ornementation accusent des velléités artistiques. De sensibles progès se manifestent non seulement dans la structure des caveaux, leurs dimensions et les ornements gravés à l'intérieur, mais encore par la présence d'ossements d'animaux

---

1) *Mittheilungen der anthropologsichen Gesellschaft in Wien*, I, p. 126—128.

2) D'après les renseignements d'un archéologue russe, M. P. Lerch. Quelques-uns des outils de silex, provenant du gouvernement de Riæzan, que j'ai vus dans la collection de la sosiété géographique de St.-Petersbourg, sont représentés dans le mémoire de M. Lerch sur les *Armes et outils des âges de pierre et de bronze en Europe*, pl. I. fig. 17—19, publié en russe dans les mémoires de la Société archéologique. Il y a une ressemblance frappante entre ces objets et leurs analogues danois.

domestiques inconnus dans la période précédente: le cheval, le bœuf, le mouton, le porc etc. Ces imposants tombeaux dénotent une population sédentaire, familiarisée avec l'élève du bétail et même avec les premiers éléments de l'agriculture, jusqu'en Danemark où les forêts résineuses avaient fait place aux arbres à feuilles[1]). Comme ils ne renferment que rarement ou jamais des instruments en pierre du grossier type primitif des kjœkkenmœddings et qu'au contraire ils offrent quelques indices de la connaissance ou de l'usage du métal, notamment du bronze, on en a conclu, sans doute avec raison, que généralement, et surtout dans le nord de l'Europe, ils doivent être d'une date postérieure aux kjœkkenmœddings du Danemark, tas de débris culinaires qui ne contiennent pas la moindre trace de bronze ou de métal; — que ces tombeaux sont des restes de la dernière période de l'âge de pierre; — et qu'ainsi ils se rapprochent des premiers temps de l'âge de bronze, dont la civilisation n'avait pu s'introduire partout du même coup.

La quantité de ces monuments et leur extension géographique prouvent clairement[2]) que, pendant le dernier âge de pierre, la population de l'Europe était devenue sédentaire et avait pénétré passablement loin à l'intérieur. Ils se trouvent en effet non seulement sur le bord des fleuves à proximité

---

[1]) Cfr. Dr H. Hildebrand, *Undersökningar i Skåne*, dans *Antiqvarisk tidsskrift för Sverige.* III, tirage à part, p. 46: « A la vérité on ne peut alléguer à l'appui de cette opinion que de pures probabilités, et quiconque se fait un point d'honneur de les récuser, peut faire le sceptique jusqu'à plus ample informé. Mais on ne peut plus douter maintenant que les populations du Nord qui faisaient usage de pierres polies n'aient eu des animaux domestiques autres que le chien. » Voy. aussi le Dr O. Montelius: *Sveriges forntid* (Stockholm, 1872), Stenåldern. — Cette opinion est confirmée par plusieurs trouvailles faites en Danemark.

[2]) Cfr. les *Annales de la Société R. des antiquaires du Nord.* 1870, p. 169 et suiv.: C. Engelhardt, *Om Steendysser og deres geographiske Udbredelse.*

de la mer, mais ils sont répandus pour ainsi dire dans toute la France; de là, ils s'étendent en Suisse, où ils ont été signalés dans les environs des habitations lacustres. Ces habitations, contemporaines des caveaux mégalithiques, attestent les progrès faits par la population qui possédait de nombreux animaux domestiques, qui exerçait l'agriculture et l'horticulture, et qui avait d'importantes relations avec les pays étrangers. Les tombeaux de pierre embrassent en outre de grandes étendues de la partie occidentale du plateau nordeuropéen; ils descendent jusque vers le Thüringerwald et les Erzgebirge, mais ils diminuent aux confins de l'Autriche, de la Bohème et de la Galicie[1]), de la Posnanie et de la Prusse occidentale; ils manquent même totalement en Pologne, ainsi que dans les régions centrale et septentrionale de la Russie. Autant ils sont rares à l'est de l'Europe, autant ils sont nombreux à l'ouest et au nord. C'est en Bretagne, en Irlande, dans le Hanovre, le Meklenbourg et surtout le Danemark, qu'ils atteignent le plus haut développement, aussi bien par leurs dimensions que par la perfection des instruments de pierre qu'ils contiennent. La civilisation de l'âge de pierre est aussi plus récente dans ces pays, où elle a pu se maintenir plus longtemps, en raison de leur situation isolée, et s'y développer à un degré inconnu ailleurs, alors qu'une civilisation incomparablement plus avancée, grâce à la connaissance du métal et surtout du bronze, dominait depuis longtemps dans les contrées méridionales plus accessibles et plus favorisées.

Cependant, lorsque l'on étudie l'extension de la population dans les parties les plus septentrionales et les plus orientales de l'Europe, il est de la plus grande importance

---

[1]) Sur les caveaux de pierre renfermant des squelettes et des instruments de silex polis, trouvés en Galicie, voy. Kenner: *Beiträge zu einer Chronik der archeol. Funde in der Oesterr. Monarchie*, dans *Archiv für Kunde Oesterr. Geschichtsquellen*, XXIX, 275, 279.

de constater que le puissant courant de civilisation, évidemment parti du littoral de la Méditerranée et s'avançant de l'ouest et du sud-ouest vers le nord, courant jalonné par les caveaux mégalithiques, n'a pas laissé de ces monuments plus loin au nord que sur les rives des grands lacs de la péninsule scandinave (le Venern et le Vettern). Ils sont

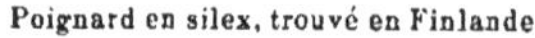

Poignard en silex, trouvé en Finlande.

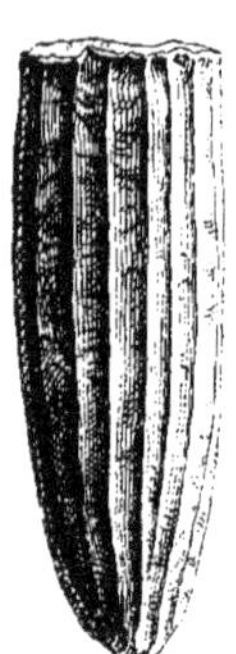

Bloc de silex, provenant du gouvern. d'Olonetz.

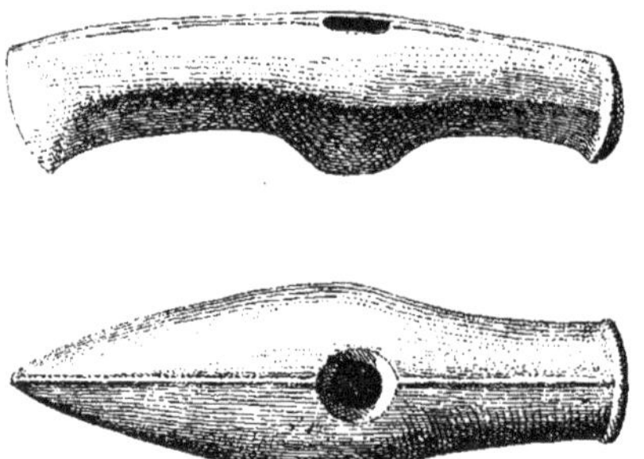

Marteau en pierre, trouvé en Finlande.

totalement inconnus dans toute la Norvège, dans la Suède centrale et septentrionale et en Finlande. Ces pays offrent pourtant d'innombrables blocs erratiques ou des fragments de rochers qui auraient pu fournir les matériaux les plus abondants et les plus accessibles pour élever ces tombeaux de pierre, dont la construction devait être beaucoup plus difficile dans les terres basses. De nombreuses trouvailles attestent au contraire que le Danemark et la Scanie, où la civilisation spéciale au récent âge de pierre a été assez solidement établie pour y conserver un de ses derniers asiles en Europe, — que le Danemark, disons-nous, a exercé une assez grande influence au nord et à l'est, à travers la Norvège et la Suède septentrionale; influence qui cesse de se manifester sur les confins du Finmark et sur les côtes de la Finlande. De même, les traces d'une influence analogue, partie du Meklenbourg, du Brandebourg et de la Poméranie, se perdent vers l'est, sur les côtes de la Prusse orientale, près des confins de la Russie actuelle. On a peu à peu recueilli en Norvège, dans la Suède septentrionale et çà et là en Finlande et dans la Prusse occidentale, un assez grand nombre d'armes et d'outils de silex et d'autres pierres, bien travaillés et de belle forme. Ces objets n'ont presque jamais été trouvés dans des sépultures, mais d'ordinaire ils gisaient isolément dans les champs et les marais. Si grandes sont leurs analogies avec ceux qui caractérisent l'époque des caveaux mégalithiques en Danemark, en Scanie et au Nord de l'Allemagne, qu'ils peuvent en grande partie avoir été taillés dans ces contrées. Cependant, autant que l'on en peut juger maintenant, ils semblent plutôt provenir de tribus nomades de chasseurs et de pêcheurs qui, peu à peu et par suite de l'accroissement de la population, auraient quitté les terres basses, plus fertiles et plus tempérées, pour s'aventurer, comme avant-coureurs de la civilisation proprement dite, dans les régions plus élevées, plus montueuses et plus froides du nord, ainsi que dans les pays non moins sauvages de l'est. Il est possible aussi que ces migrations vers le nord et l'est n'aient eu lieu que vers la fin du dernier âge de pierre.

En tout cas, il est certain que, dans cette période, la population de la Norvège et de la Suède septentrionale était

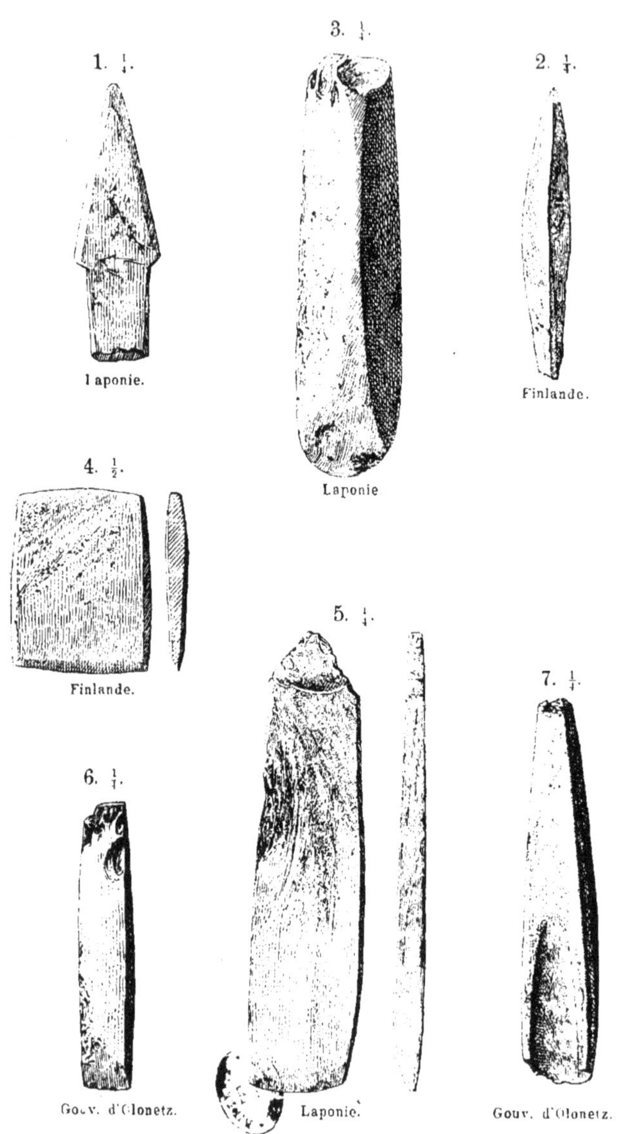

Fig. 1—7. Objets de pierre: Laponie, Finlande et Russie septentrionale.

1. $\frac{1}{4}$.

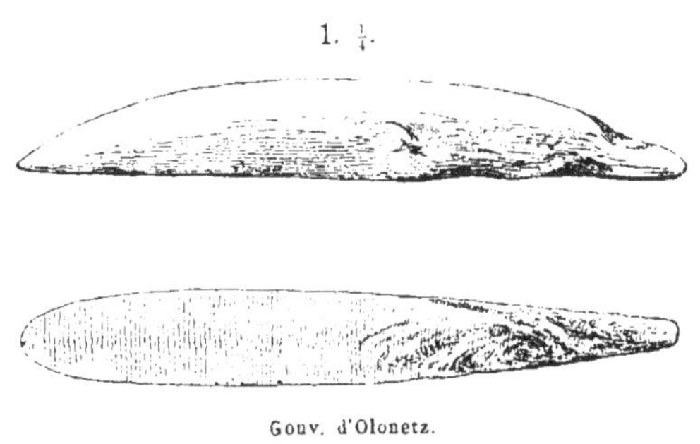

Gouv. d'Olonetz.

2. $\frac{1}{4}$.

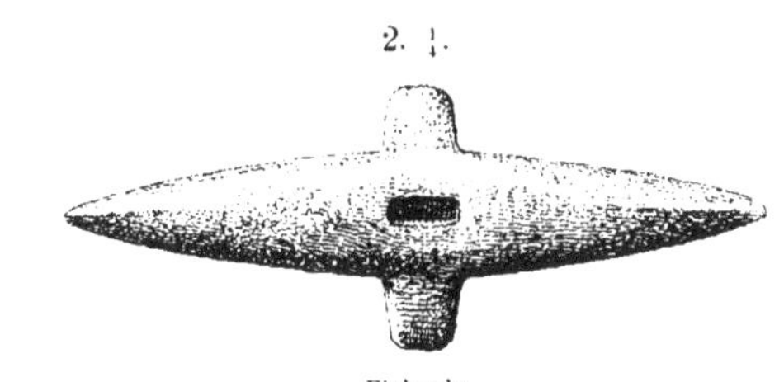

Finlande.

3. $\frac{1}{1}$.

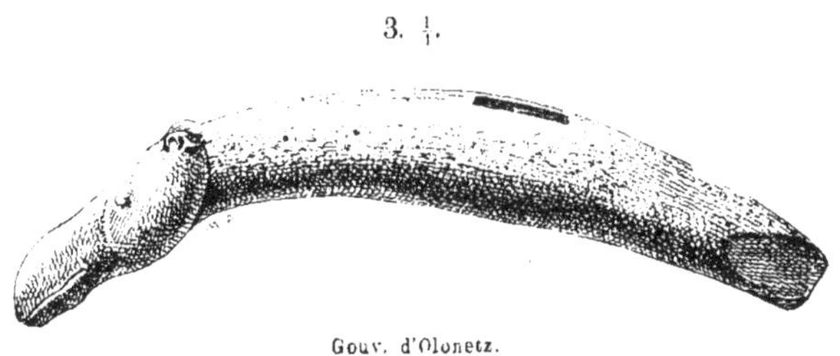

Gouv. d'Olonetz.

Fig. 1—3. Objets de pierre: Finlande et Russie septentrionale.

(Cfr. avec la hache de pierre, fig. 3, la hache de bronze à tête d'animal p. 116, fig. 7.)

encore extrêmement disséminée et peu dense. Il en était alors incontestablement de même de la population de la Laponie, de la Finlande, de la Russie centrale et septentrionale, et de la Pologne, où d'ailleurs les instruments de pierre ont un aspect tout particulier. Le changement en effet ne se borne pas à la différence de la matière; non seulement le schiste argileux, talqueux, quartzeux, la diorite, le basalte, prennent ordinairement la place du silex, ce qui entraîne toujours quelques différences de forme et de travail, mais tout dénote une plus grande pauvreté d'imagination et un état remarquablement primitif. Cet état pourtant n'a pas remonté plus haut que le dernier âge de pierre dans les contrées plus méridionales et plus occidentales. En revanche, dans les régions extrêmes et isolées du Nord, il s'est perpétué longtemps au-delà de l'époque où l'âge de pierre avait pris fin dans les pays scandinaves proprement dits et le reste de l'Europe.

Jusqu'à ces dernières années, la connaissance des antiquités de la Finlande et de la Laponie était très-imparfaite, et l'on peut ajouter: fort incomplète. Mais les fouilles faites dans la Norvège septentrionale, en Finlande et dans la Russie septentrionale, ont fourni de tels accroissements aux collections de Christiania, de Helsingfors et de St.-Pétersbourg (Académie impériale), que l'on peut déjà clairement en inférer quelques-uns des traits les plus caractéristiques du groupe finno-lapon, qui est essentiellement homogène. Les objets d'os, que l'on voit en nombre considérable au Musée de Christiania, sont extrêmement différents des objets de même matière que l'on trouve non seulement dans les cavernes à ossements de renne et les kjœkkenmœddings ou tas de débris culinaires, mais aussi dans les caveaux de pierre plus récents, et ils indiquent généralement une époque moins ancienne que celle des caveaux. Les objets de pierre n'offrent pas non plus de ressemblance typique avec ceux de l'ancien âge de pierre, mais ce sont évidemment des pendants grossiers et imparfaits des haches, pointes de lance, gouges et marteaux du dernier âge de pierre. Quelques marteaux seulement qui se distinguent par des formes plus élégantes et un travail extraordinairement soigné, ont été découverts sur le littoral de la Finlande et de la Russie boréale; ils proviennent plutôt, soit, comme les beaux silex, de relations directes avec la péninsule scandinave, soit aussi en partie de la fin de l'âge de pierre en Finlande, époque où se faisait déjà sentir l'influence des peuples qui connaissaient les métaux. Aussi trouve-t-on quelques exemplaires, en pierre et en bronze, de haches-marteaux à tête d'animal qui présentent le même type. Les coins ou haches plus grossières sans trou pour l'emmanchement sont répandues depuis le nord de la Russie européenne jusqu'en Sibérie, et il n'est pas douteux qu'avec le temps on finira par découvrir une série d'armes de pierres dans toute la Sibérie jusqu'au Kamtchatka et à Sakhalin. Dans ces derniers pays, on a signalé des objets de pierre qui, pour la forme, rappellent d'un côté les antiquités de la Russie septentrionale et de la Finlande, de l'autre les instruments en pierre des Indiens et des Esquimaux des régions nord-ouest de l'Amérique.

Les écrivains[1]), qui jusqu'ici se sont occupés des antiquités de la Finlande et de la Russie septentrionale, sont, comme on l'a dit, unanimes à constater que l'on n'en a que rarement trouvé dans des tombeaux, mais que la plupart ont été recueillies sur le littoral de la mer, près des cours d'eau et des lacs. En conséquence, ils les regardent comme des restes de populations fort peu avancées, qui n'avaient pas de demeures fixes, mais erraient, soit comme les Lapons avec leurs rennes, soit seulement comme chasseurs ou

1) Holmberg, *Finska fornlemningar*; — Butenew, *Die Ureinwohner des nördlichen Russlands* (dans *Archiv* de Erman, T. XXIV, p. 495—513; — Grewingk, *Das Steinalter der Ostseeprovinzen* etc. — Pour la Finlande, cfr encore un mémoire d'Aspelin, dans *Suomi*. Helsingfors 1871. p. 1—234, fig. 1—32.

pêcheurs, vêtus de peaux et ayant à peine de quoi satisfaire les premiers besoins. En raison de la rareté des sépultures et du peu d'importance de leur contenu, on a même supposé que la coutume d'inhumer les morts, avec leurs armes et leurs parures les plus précieuses, dans des tombeaux soigneusement fermés et couverts, n'était pas encore répandue dans ces contrées si sauvages et si pauvres. Mais c'est une assertion qui demande à être vérifiée. Il est cependant remarquable que les instruments de pierre recueillis dans les Provinces Baltiques, dans une grande partie de la Pologne et dans la Russie centrale jusqu'aux environs de Moscou, objets qui ont une assez grande ressemblance avec ceux de la Russie septentrionale et de la Finlande et qui sont rarement d'un meilleur travail, ne se trouvent pas non plus volontiers dans des tombeaux de l'âge de pierre, mais plutôt soit dans des sepultures plus récentes, mêlés avec des objets de métal, soit isolés en terre. On affirme que parfois ils sont en relations avec des ossements d'animaux domestiques, ce qui concourt à indiquer une époque passablement récente[1]).

Ainsi, dans l'état actuel de nos connaissances, deux grands courants au moins, venus de directions bien différentes, semblent avoir traversé la Russie européenne pendant le dernier âge de pierre.

L'un parti du sud-est ou du sud, après s'être étendu successivement dans les bassins de la Méditerranée, de l'Atlantique, de la mer du Nord et de la Baltique, a apporté dans la Russie méridionale et, de là, au nord-ouest et au nord de l'empire, la civilisation de l'âge de pierre, déjà passablement avancée, avec des demeures fixes, l'élève du bétail, peut-être même l'agriculture et des rites funéraires grandioses.

---

[1]) D'après les recherches faites dans le gouvernement de Kostroma, par Djawotschkine, voy. *Matériaux pour l'histoire de l'homme*. II. p. 556.

L'autre courant, parti probablement du nord-est et de l'est, a amené du nord et du centre de l'Asie dans la Russie septentrionale, la Finlande et la Laponie, des tribus sauvages composées, partie de pêcheurs et de chasseurs, partie de nomades, pasteurs de rennes et appartenant sans doute surtout à la race finnoise. Mais ce courant laissa pourtant longtemps de côté de vastes territoires; tout le centre et le nord-est de la Finlande par exemple[1]) restèrent sans habitants.

Ces courants étaient originairement séparés par d'immenses étendues de forêts et de déserts dans l'intérieur de la Russie. Ils semblent cependant s'être peu à peu rapprochés l'un de l'autre par l'accroissement de la population, de même que les races finnoise ou lapone de la péninsule scandinave et de la Finlande finirent par être en contact, dans la Scandinavie méridionale et orientale, avec les populations plus avancées de l'âge de pierre, desquelles elles étaient d'abord séparées par des bois, des rochers et des mers. Il n'est pas impossible que, à côté de ces deux courants principaux, un moindre courant, venu de l'ouest, à travers le centre de l'Europe, ait envoyé ses dernières ondulations jusqu'en Pologne et même dans l'intérieur de la Russie. En tout cas, son importance n'a pas été bien grande, si ce n'est immédiatement avant le commencement de la période suivante.

II.

AGE DE BRONZE.

(Ses périodes ancienne et récente.)

Ainsi, depuis les temps reculés et entièrement préhistoriques de l'âge de pierre, l'Europe doit avoir eu une

[1]) Holmberg, *Finska fornlemningar*. p. 25, et la carte des trouvailles de l'âge de pierre faites en Finlande, carte annexée au même ouvrage.

population très-considérable. Dans les milliers d'années que l'âge de pierre, à en juger par ses innombrables restes, a dû certainement embrasser, un mouvement de population progressif se fit des côtes et des vallées vers l'intérieur des terres. La force dévorante du feu aida la faible hache de pierre à éclaircir les bois et à percer des trouées dans les forêts vierges. Si, à l'époque où l'âge de pierre tirait vers sa fin au sud et à l'ouest, il n'y avait pas partout des habitants sédentaires ou nomades, et encore moins au cœur de l'Europe, au centre et au nord de la Russie, et à l'extrémité de la péninsule scandinave, il ne restait pourtant guère de contrées où de hardis chasseurs n'eussent pénétré de temps à autre. Çà et là commençait à germer une civilisation remarquable à divers égards et bien supérieure à ce que l'on s'attendrait à trouver chez les prétendus sauvages de l'âge de pierre; mais, pour se développer et fleurir, il lui manquait encore la connaissance et l'usage du métal.

Ce grand pas dans la marche de l'humanité eut lieu dans des temps également antérieurs à toute histoire. Ce n'est pas par le fer que débuta l'emploi des métaux, mais bien par le bronze, mélange de cuivre et d'étain, qui non seulement remplaça la pierre et l'os pour la fabrication des armes et des instruments tranchants, mais qui de plus occasionna d'importants changements dans la manière de vivre des peuples. La nouvelle civilisation qui l'accompagnait, pénétra successivement dans les contrées de l'Europe qui étaient déjà habitées; puis, grâce à la facilité des communications qu'elle produisit, elle conquit, dans un temps relativement court, un territoire beaucoup plus étendu. L'agriculture prit un nouvel essor au moyen des instruments de métal incomparablement meilleurs qui, pour la première fois, donnèrent la possibilité de vaincre les obstacles que présentaient les forêts vierges et les marécages auparavant inaccessibles. Des trouvailles plus ou moins fréquentes attestent aussi l'immense étendue des territoires occupés pendant l'âge de bronze, et la durée de cet âge dans la plupart des pays européens; elles prouvent aussi de mieux en mieux que, du moins pour le nord de l'Allemagne, l'Angleterre et les pays Scandinaves, il faut diviser cet âge en deux périodes:

une ancienne dans laquelle on inhumait volontiers les cadavres, sans les avoir fait passer par le feu, mais avec des rites qui rappellent beaucoup ceux de l'âge de pierre, et dans laquelle les armes, les outils et les parures, sont du style le plus beau et le plus pur;

et une récente, où les cadavres étaient généralement incinérés, avec des rites d'ailleurs différents, et où le style avait en même temps beaucoup perdu de sa pureté et de sa beauté primitives.

Les poëmes homériques et les plus anciennes notions historiques ont conservé le souvenir de la fin de l'âge de bronze dans diverses contrées de l'Europe, où il se termina, comme il avait commencé, à des dates très-variables. Mais quant à l'origine et à la propagation de cette nouvelle civilisation, on en est réduit à demander des éclaircissements aux monuments qui restent et que l'on a retrouvés. Il n'est donc pas étonnant que, à une époque où les faits étaient fort mal connus, on ait été hors d'état d'expliquer d'une manière satisfaisante la signification des monuments. On est encore loin d'avoir levé tous les doutes; tout au plus, a-t-on pu écarter un coin du voile mystérieux qui jusqu'ici cachait presque entièrement le sens de ces antiquités.

Sous ce rapport, l'étude de l'archéologie russe est du plus grand intérêt et d'une extrême importance pour la science européenne. Au milieu des savantes discussions sur l'origine probable de cette civilisation; sur les commerçants ou colons, grecs, romains, celtes, étrusques ou phéniciens qui auraient fourni aux peuples étrangers les armes, les instruments et les parures en bronze, — on a mis en évidence que les monuments de l'âge de bronze, dans les parties de l'Europe étrangères à la Russie, se divisaient en plusieurs groupes distinctement nuancés[1]). Le plus riche et le plus développé d'entr'eux est, qu'on le remarque bien, le groupe septentrional, qui embrasse le nord de l'Allemagne actuelle, le Danemark, une petite partie de la Norvège, pays d'ailleurs mal peuplé à cette époque, enfin la Suède, où la population s'étendait à la vérité passablement au large, mais était beaucoup moins dense qu'en Danemark, surtout dans les parties montueuses et boisées des régions septentrionales. Un trait commun pour les antiquités de ce groupe, c'est que les plus anciennes que l'on connaisse se présentent parfaitement développées dès le commencement, sans transition graduelle, par exemple de la pierre au cuivre, et de ce métal à son alliage le bronze. Le groupe méridional, qui a beaucoup d'affinité avec le précédent, comprend le sud de l'Allemagne actuelle, la Bohême, l'Autriche, la Hongrie, la Grèce et l'Italie. Le groupe occidental enfin, le moins développé des trois, embrasse la péninsule ibérique et les anciens pays des Celtes et des Bretons, c'est-à-dire la France et l'Angleterre.

A ces faits il faut ajouter que, partout en Europe, on a trouvé des moules à couler le bronze et d'autres indices certains prouvant que ce métal était travaillé sur place. En outre, plusieurs des pays compris dans les divers groupes, comme par exemple la Grèce, la Hongrie et l'Italie, offrent diverses particularités manifestes et même des différences dans la composition chimique du bronze, d'où il était naturel de conclure que cette civilisation n'a pu, même à l'origine, appartenir à un peuple unique, mais qu'elle avait dû être générale et avait servi de transition dans le développement de différents peuples; que ceux-ci avaient peut-être apporté

---

[1]) Voy. mes remarques à ce sujet dans *Annaler for nord. Oldkyndighed og Historie*, 1858, p. 159, et dans *Slesvigs Oldtidsminder*, 1865, p. 41 et suiv.

de l'Asie, leur berceau et le foyer de la civilisation, des germes d'une culture commune que chaque nation devait plus tard transformer à sa façon, dans sa patrie européenne. Mais alors, on pouvait se demander si la Russie n'avait pas servi d'intermédiaire dans ces mouvements et ce que l'on y découvrait.

Comme on a trouvé sur le littoral de la Finlande[1]) quelques épées et des celts à queue, en bronze, de formes élégantes qui rappellent entièrement les types spéciaux de la Scandinavie et du Nord de l'Allemagne, j'ai cru d'abord, avec beaucoup d'autres, que ces analogies étaient un nouvel indice de la voie orientale par laquelle la civilisation de l'âge de bronze aurait été importée d'Asie, dans l'Europe septentrionale au moins; et j'étais confirmé dans cette opinion par les chimistes qui attribuaient une origine ouralienne à l'or de cet âge[2]). Mais, dès 1867, les objets exposés à Paris me firent soupçonner ce dont j'acquis plus tard la certitude en Russie même; c'est qu'il ne peut être question d'un véritable âge de bronze que pour une partie de cet empire et que la Russie ne peut être regardée comme un point de départ, ni même comme intermédiaire pour la propagation de la culture de l'âge de bronze dans le reste de l'Europe. Les objets de bronze y forment au contraire un groupe nettement tranché, évidemment plus récent et en tout cas plus grossier, qui se rattache moins à l'Europe qu'à l'Asie septentrionale et centrale.

---

[1]) Holmberg, *Finska fornlemningar*. pl. XX, fig. 65—68; Aspelin, dans *Suomi* pour 1871, fig. 39, un celt en bronze de Laihia, Kyläupää en Finlande; cfr. pour la Courlande, Kruse, *Necrolivonica*, pl. IX, fig. 4; Bähr, *Gräber der Liwen*, pl. XVI, fig. 2, p. 26.

[2]) Wibel s'est pourtant prononcé catégoriquement contre cette thèse. Il admet en effet que le platine qui se trouve dans l'or septentrional de l'âge de bronze, et que l'on considère comme caractéristique pour l'or de l'Oural, n'existe justement pas dans ce dernier, mais bien dans l'or charrié par les rivières de l'Europe septentrionale et centrale.

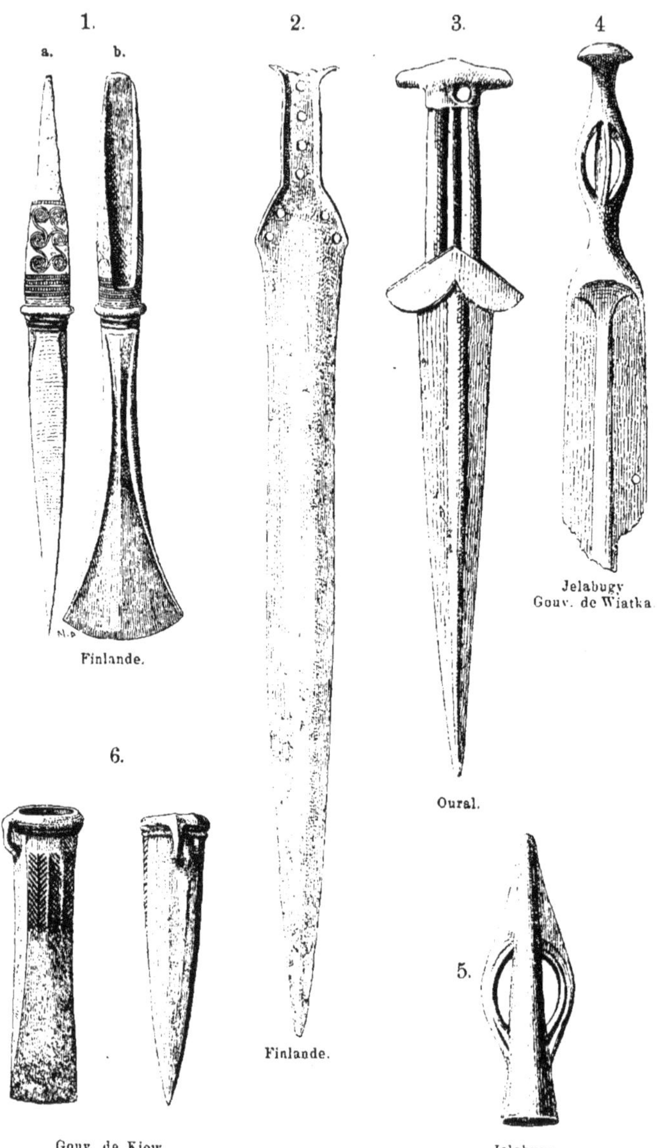

Fig. 1—6. Objets en bronze de la Finlande et de la Russie. $\frac{1}{3}$.

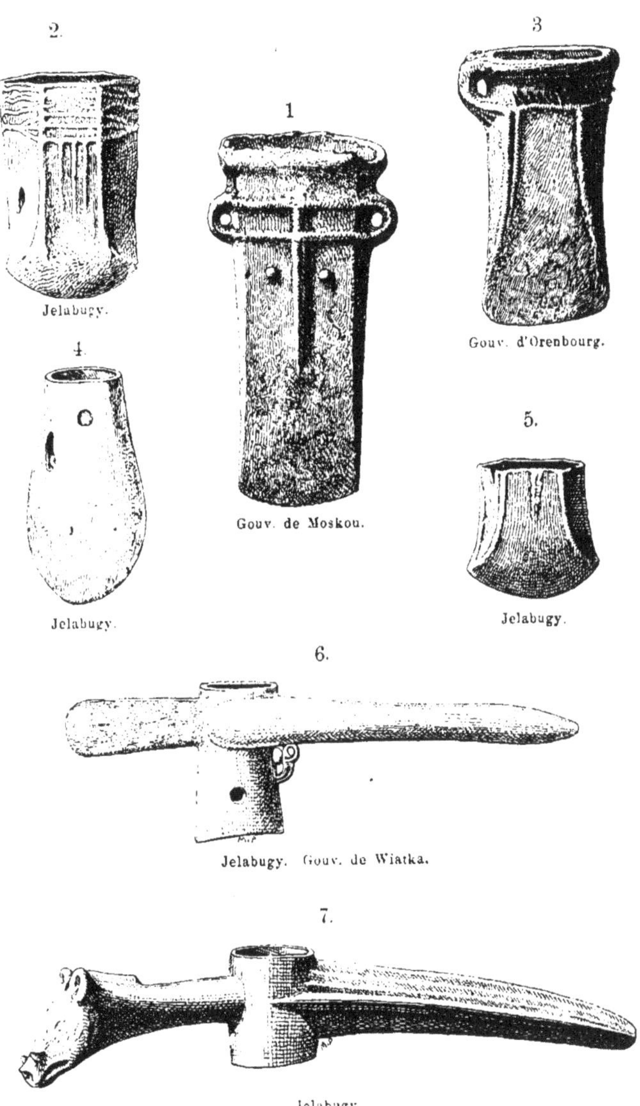

Fig. 1—7. Objets en bronze de la Russie. $\frac{1}{3}$.

Fig. 1—5 Objets en bronze de la Sibérie. $\frac{1}{3}$.

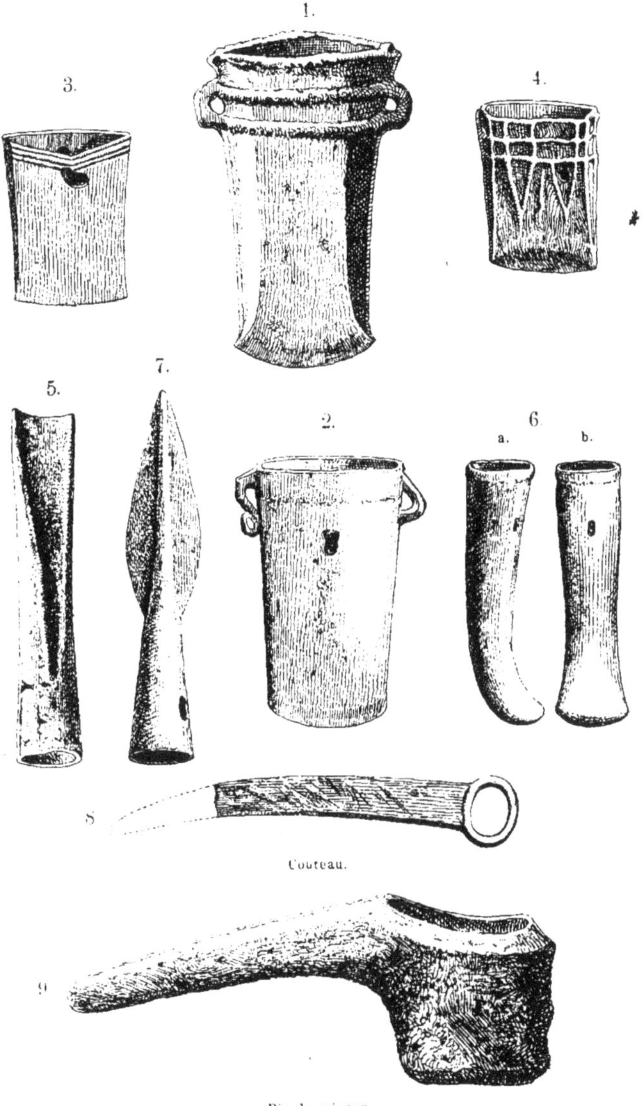

Fig. 1—9. Objets en bronze de la Sibérie. $\frac{1}{3}$.

On reconnaît en effet maintenant que les beaux objets de bronze découverts en Finlande (p. 115, fig. 1—2) doivent être venus, comme leur forme l'indique d'ailleurs, non pas de l'est, mais de l'ouest, c'est-à-dire de la péninsule Scandinave et des îles qui en dépendent; elles ont été probablement apportées par les mêmes faibles courants qui, dès la fin de l'âge de pierre, portèrent de l'ouest à l'est quelques silex caractéristiques. Les armes de bronze, très-peu nombreuses, que l'on a découvertes dans les provinces baltiques de la Russie, dans la Lithuanie, la Russie blanche et la Pologne, sont probablement dues à une semblable influence occidentale partie de la Scandinavie et du Nord de l'Allemagne[1]). A part ces exceptions, on n'a trouvé dans toute la partie septentrionale de l'empire russe aucune trace des monuments particuliers à l'âge de bronze, si ce n'est au loin vers les monts Oural et les frontières de la Sibérie[2]), et là même, dans les gouvernements de Wiatka, de Kazan et de Perm, les objets de bronze sont non seulement très-rares, mais on les découvre parfois en connexion avec des objets de fer; c'est-à-dire qu'ils datent probablement d'une époque assez récente. De plus, ils présentent des formes que l'on ne connaît pas dans le reste de l'Europe, mais qui

[1]) C. Grewingk, *Ueber heidnische Gräber Russisch-Litauens*, etc. Dorpat 1870 (dans *Verhandlungen der Estnischen Gesellschaft zu Dorpat*. VI, livr. 1—2), nous apprend aussi que les sépultures de l'âge de bronze manquent, pour ainsi dire totalement, dans les pays à l'est de la Baltique. La Prusse orientale, comparée avec l'Ouest de l'Allemagne septentrionale et avec la Scandinavie, présente déjà une décroissance des sépultures et des antiquités de l'âge de bronze, aussi bien pour le nombre que pour la beauté des objets.

[2]) L'exactitude de ces conclusions, que j'ai déjà formulées à une des séances du Congrès d'archéologie internationale à Copenhague (1869), fut confirmée par un des membres présents, M. Lerch, archéologue russe distingué, qui s'est particulièrement occupé de rechercher et de décrire les antiquités russes de l'âge de pierre et de l'âge de bronze.

au contraire offrent d'évidentes analogies avec les bronzes de l'Asie occidentale et de la Sibérie. Des relations à peu près semblables ont lieu entre le centre et le Sud de la Russie, à cette différence près: que des objets de bronze se trouvent çà et là dans l'intérieur du pays et que diverses sépultures de l'âge de bronze peuvent y être signalées. Celles-ci, à l'exemple des plus anciens tombeaux de l'âge de bronze au Nord, renferment des cadavres non incinérés, et contiennent des armes de bronze très-simples et de grossiers vases d'argile, déposés dans des cercueils de bois ou des caveaux en dalles, qui rappellent évidemment les caveaux funéraires des tertres de l'âge de pierre[1]).

Plus loin vers l'ouest, au contraire, dans l'Ukraine, la Podolie et la Wolhynie, les tombeaux de l'âge de bronze manquent totalement, et les objets de bronze sont très-peu nombreux; de plus, ils se trouvent avec des objets de fer, en sorte que, suivant l'opinion d'archéologues compétents, on ne peut, du moins actuellement, signaler dans ces contrées les traces d'un âge de bronze, proprement dit, qui eût servi d'intermédiaire entre l'âge de bronze et l'âge de fer; ces deux périodes semblent généralement y être en contact immédiat, et cela malgré la proximité de la Hongrie et des autres divisions de l'empire d'Autriche, qui sont particulièrement riches en objets de bronze appartenant au groupe de l'Europe méridionale[2]).

Il est donc clair que les groupes de souvenirs de l'âge de bronze, dans le Nord et le Sud de l'Europe, sont en général séparés par une très-large zône du groupe oriental

---

1) Commission impér. archéologique. *Recueil d'antiquités de la Scythie.* livr. I, St.-Petersbourg 1866, p. 26—28.

2) Cfr. Wocel, *Die Bedeutung der Stein- und Bronze-Alterthümer für die Urgeschichte der Slawen.* 1869 (Extrait de *Abhandlungen der k. böhm. Gesellschaft der Wissenschaften.* Ve série, T. III), d'après les recherches de Kraszewski et de Tyszkiewicz.

ou russe, lequel s'étend principalement dans les contrées les plus orientales de la Russie, depuis la Caucase et les autres contrées voisines de la mer Noire jusqu'aux monts Oural, et de là plus loin vers l'est, dans l'intérieur de la Sibérie. Les caractères de ce groupe moitié russe, moitié asiatique, ont un double titre à être examinés plus attentivement.

Bien que les faits soient encore peu nombreux et épars, il est pourtant hors de doute que l'Asie, dont l'âge de pierre remonte extrêmement haut, a eu aussi de très-bonne heure, à coup sûr longtemps avant l'Europe, un âge de cuivre ou de bronze. Néanmoins on n'y a pas trouvé la moindre trace de ces objets de bronze, simplement martelés, qui sont spéciaux à certaines contrées de l'Amérique septentrionale, et qui pour la plupart y sont contemporains des objets de l'âge de pierre. Les plus anciennes armes de métal découvertes en Asie sont en effet, comme celles des Azteks et des Incas, qui avaient atteint un certain degré de civilisation au Mexique et au Pérou, avant la découverte de l'Amérique[1]), fondues soit en cuivre brut, soit en cuivre allié avec une faible quantité d'étain ou d'autres métaux. En Amérique, on n'a pas encore trouvé d'épées, ni même de poignards, en cuivre ou en bronze; mais les armes faites de ces métaux s'y réduisent à de petites haches, à des flèches et à des pointes de lance rarement longues. En Asie, au contraire, on a parfois découvert de grandes armes de cuivre et de bronze; dans l'Inde notamment, on a exhumé un glaive de cuivre qui se distingue par sa forme très-primitive, et en outre plusieurs pointes de lances, non moins remarquables, également en cuivre[2]). La Chine aussi a fourni

---

[1]) Squier, *Aboriginal Monuments of the State of New-York*. publ. by the Smithsonian Institution, 1849, in-4⁰, p. 182. En note, il est question d'un alliage naturel de cuivre, de zinc et d'antimoine, avec lequel les indigènes fabriquaient autrefois leurs outils.

[2]) Société des Antiquaires du Nord, *Aarsberetning* (rapport annuel), 1838, p. 12.

des glaives, des poignards, des haches et d'autres antiquités de bronze, en partie ornées de têtes d'animaux et d'antiques caractères d'écriture, et généralement de formes très-singulières. Quelques-unes de celles-ci pourtant ont du rapport avec les poignards de bronze trouvés en Sibérie, notamment à Jenisseisk[1]) (voy. p. 117, fig. 1—3). Mais alors même que cette ressemblance proviendrait d'antiques et invraisemblables relations entre la Chine et la Sibérie, ce dernier pays aurait produit un groupe particulier d'objets de bronze, parmi lesquels n'ont pas été rencontrés les glaives de l'Asie orientale et méridionale. Ce fait est d'autant plus frappant que la Sibérie pouvait facilement se procurer le métal, par exemple dans l'Altaï et l'Oural, où l'on a trouvé, dans des mines anciennes, des instruments de pierre et de bronze, indices de l'exploitation de ces mines dans les temps préhistoriques. Les marteaux ronds en pierre que l'on y a découverts, sont caractérisés par une rainure au milieu et par conséquent semblables aux *Danes-hammers* des anciennes mines de cuivre de Killarney en Irlande et aux marteaux de pierre trouvés dans d'anciennes mines de cuivre, près des grands lacs de l'Amérique septentrionale. Les objets en bronze de la Sibérie sont extrêmement grossiers et en général, à

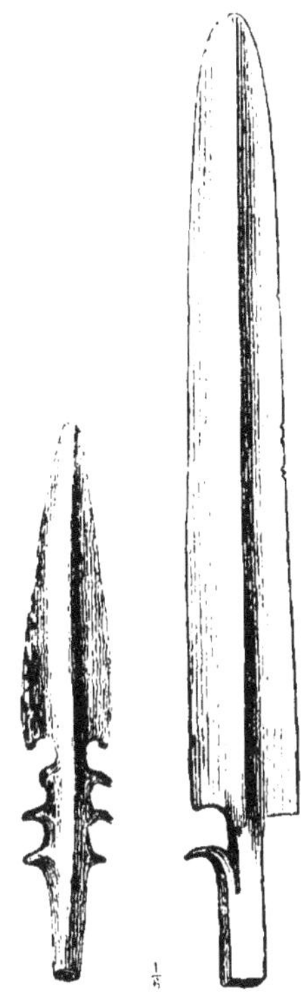

Glaive et lance de bronze de l'Hindoustan.

1) Franks, dans *Proceedings of the Society of Antiquaries of London*, vol. IV, p. 129 et 12—15.

l'exception des plus gros outils, relativement petits. Il y a principalement des poignards dont la lame et la poignée sont fondues ensemble, des couteaux, des haches, des pics de mineur et des celts, ces derniers plats et épais. De même forme, ou du moins analogues et de même nature, sont les objets de bronze trouvés à l'ouest de l'Oural, non-seulement dans la partie orientale, mais aussi dans toute l'étendue de la Russie européenne. Jusqu'ici, par exemple, on n'y a recueilli que des poignards en bronze et pas une seule épée de ce métal. Quelques pointes de lances, provenant de Jelabugy dans le gouvernement de Wiatka, attirent l'attention tant par leur douille à anneau que par leur lame ouvrée à jour (p. 115, fig. 5), forme qui se reproduit dans une pointe de flèche en bronze, exhumée de l'un des kourgans de la Russie méridionale. Ces particularités ont été observées presque exclusivement dans les îles Britanniques, surtout en Irlande (cfr. p. 142). On a pourtant trouvé en Hongrie une pointe de lance en bronze qui est aussi ouvrée à jour. Les nuances entre les objets en bronze du groupe russe oriental et sibérien et ceux du groupe européen occidental sont d'ailleurs si prononcées que l'observateur attentif reconnaîtra de suite l'influence orientale dans les celts en bronze des environs de Moscou et de Jelabugy (voy. p. 116 fig. 1—2, 4—5). Il jugera au contraire que le celt en bronze trouvé dans le gouvernement de Kiew (p. 115 fig. 6) se rapproche du groupe occidental et qu'il a subi une toute autre influence. Celle-ci paraît aussi se faire sentir dans des faucilles en bronze, trouvées sur le littoral de la Mer Noire (dans le gouvernement de Kherson), et qui doivent ressembler complètement à celles de l'Ouest de l'Europe.

Bien plus, les différences extérieures sont, comme un savant russe[1]) l'a expliqué, confirmées par l'alliage parti-

[1]) Heinrich Struve, dans *Bulletin de l'Académie impér. des Sciences de St.-Pétersbourg.* T. VI. $^{2}/_{14}$ Nov. 1865.

culier du bronze des antiquités sibériennes. Il se compose en effet de cuivre et d'étain avec traces de fer et non de plomb, tandis que dans plusieurs autres pays de l'Europe, par exemple dans les îles Britanniques, ce dernier métal se trouve allié, en proportion à la vérité très-faible, avec les principaux éléments constitutifs du bronze, le cuivre et l'étain. Dans d'autres antiquités sibériennes, le métal se compose soit exclusivement de cuivre, comme dans l'Inde, soit aussi de cuivre et d'étain, sans trace de fer. On a bien supposé que l'alliage était proportionné à l'usage que l'on pensait faire des objets: plus dur par exemple pour les armes ou les instruments tranchants, plus malléable et plus brillant pour les bijoux. Mais d'autres pensent que les différences d'alliage proviennent simplement de la nature des minerais fondus. En tout cas, le plus sûr encore serait d'attendre un plus grand nombre d'analyses chimiques et une détermination plus précise de ce qui appartient aux différentes périodes de l'âge de bronze, surtout du commencement et de la fin. Lorsque l'on sera fixé sur ces points, on pourra chercher dans la composition chimique des objets de bronze et des objets d'or contemporains, comment et jusqu'où ces métaux et la civilisation de l'âge de bronze se sont répandus en Europe. Un peuple peut en effet se procurer par ses relations commerciales des métaux de différentes provenances; de même, pendant l'âge de bronze, les riverains de la Baltique ont très-bien pu joindre aux métaux qu'ils tiraient de l'Europe centrale et occidentale (cuivre, étain, or d'alluvion), de l'or et peut-être du cuivre, venus de l'Oural et de l'Altaï, dont les gîtes aurifères étaient célèbres jusque dans le Sud, dès le temps d'Hérodote. Mais ce n'est pas une preuve que la civilisation de l'âge de bronze se soit répandue de la Russie au littoral de la Baltique[1]).

1) Grewingk. *Ueber heidnische Gruber Russisch-Litauens.* p. 156. regarde même comme dénuée de tout fondement l'hypothèse

Les objets de bronze du Nord de l'Europe ne renferment généralement pas de plomb comme ceux des îles britanniques. Lors même que la nature du métal semblerait indiquer que les relations commerciales de l'ancien Nord étaient plutôt dirigées vers l'Est que vers l'Ouest, ce fait ne prouverait pas du tout que la civilisation de l'âge de bronze soit arrivée en Europe par une voie orientale, à travers la Russie, ou même par la partie méridionale de cet empire. Car non seulement on cherche en vain dans toute la Russie et la Pologne les magnifiques parures de bronze et d'or, caractéristiques pour l'ancien âge de bronze du sud et de l'ouest de l'Europe, sans parler de beaucoup d'antiquités très-développées dans le Nord Scandinave: les glaives, les celts à queue, les plaques de bouclier, etc., mais, comme on l'a dit, il n'a pas encore été possible de démontrer l'existence d'un âge de bronze dans la Russie septentrionale, depuis la Baltique et le golfe de Finlande jusqu'aux gouvernements de Wiatka et de Kazan; on ne connaît donc pas encore d'intermédiaire entre la civilisation de l'âge de bronze au nord de l'Asie et au nord de l'Europe. Les antiquités de bronze du nord-est de la Russie proviennent évidemment d'un courant oriental limité, venu de l'Asie septentrionale et qui était peut-être en connexion avec l'arrivée des anciens Tchoudes, refoulés vers l'Oural et à l'ouest de ces montagnes par les nomades Tartares. Sans doute, on ne peut nier qu'avec le temps il ne soit possible de signaler dans la Russie centrale et méridionale

d'après laquelle on aurait importé en Scandinavie, pendant l'âge de bronze, de l'étain de Sibérie et du cuivre de l'Oural; et il ajoute: «Si l'on ne doit pas douter que l'âge de bronze en Danemark, ait été indépendant de l'influence romaine, ce n'est pas une raison pour exclure une plus ancienne influence grecque ou sémitique, influence que les analyses du bronze rendent au contraire vraisemblable. Mais il faut plus de circonspection quand on veut conclure de l'analyse de l'or à l'origine de ce métal.»

des traces d'un âge de bronze, dont les limites se soient beaucoup plus rapprochées du territoire de l'âge de bronze dominant dans l'Europe méridionale ou occidentale, et l'aient même touché sur le littoral de la mer Noire; mais, pour la Russie méridionale aussi, les principaux indices nous reportent vers l'Asie, où l'on découvrira certainement des objets de plus en plus ressemblants qui mettront en lumière les anciennes influences orientales. Hérodote nous fait connaître un fait extrêmement curieux: de son temps, vers 4 à 500 avant J. Chr., les Massagétes qui habitaient à l'est de la mer Caspienne n'avaient pas d'autres métaux que le bronze ou le cuivre et l'or; la civilisation de l'âge de bronze régnait donc alors en Asie, non loin des limites de la Russie méridionale, et elle ne connaissait que les deux métaux qui, partout en Europe, caractérisent l'âge de bronze proprement dit.

Si le résultat de la comparaison de l'âge de bronze en Russie et dans le reste de l'Europe est négatif, quant à la prétendue importation de cette civilisation à travers la Russie, il donne du moins à l'archéologie européenne la liberté d'abandonner le terrain trop vague des hypothèses et des théories, qui ont nui aux progrès de la science, non moins que la trompeuse, et encore fréquente confusion d'objets de bronze appartenant à des peuples et à des temps différents. Embrassant d'un coup d'œil plus clair l'ensemble des faits, l'archéologie pourra désormais, avec plus de sûreté et de calme, travailler à découvrir leur liaison avec les données de l'histoire universelle sur le développement de l'humanite, données qu'un examen impartial des monuments préhistoriques, découverts çà et là dans chaque pays, fortifiera au lieu de les affaiblir.

Tous les témoignages historiques s'accordent en effet sur le point suivant: durant la transplantation graduelle de la civilisation universelle partie de l'Asie et passant par l'Egypte, pour se rendre en Grèce et en Italie, et de là plus loin vers le nord et l'ouest, — aucun peuple n'a joué de rôle actif dans l'histoire du monde, avant d'avoir acquis la connaissance du fer et d'avoir quitté ou tout au moins d'être sur le point d'abandonner la civilisation mourante de l'âge de bronze. Le véritable épanouissement de cette civilisation consista, pour les peuples qui venaient de substituer les imparfaites armes de pierre à de meilleurs instruments de bronze, mais qui étaient encore dans l'état passif, à transplanter, pour ainsi dire silencieusement, la nouvelle culture, des pays habités dans d'immenses territoires jusqu'alors déserts; par là, le sol fut peu à peu préparé à recevoir plus tard la semence qui ne pouvait croître et fructifier que sous l'influence vivifiante de la civilisation de l'âge de fer.

Il n'est sans doute pas impossible que l'on ait, des l'âge de pierre proprement dit, découvert çà et là en Europe, notamment au Sud, quelque métal et que l'on ait alors isolément fait usage d'instruments en cuivre ou même en bronze, conjointement avec des armes de pierre, comme on en a eu des exemples dans certaines contrées de l'Amérique. Mais on ne peut regarder ces cas isolés comme le véritable commencement de l'âge de bronze en Europe, où rien n'indique un développement de l'âge de pierre, local et indépendant; mais où tout, au contraire, laisse supposer une influence étrangère antérieure. A tout prendre, il semble en effet que l'âge de pierre a régné absolument en Europe, pendant de longues, très-longues périodes; tandis que la connaissance et l'usage du bronze étaient répandus dans les contrées de l'Asie et de l'Afrique, où les premiers peuples civilisés parurent plus tard sur la scène du monde. Ainsi, sans parler des armes primitives de cuivre, déjà signalées dans l'Inde, des fouilles en Asie mineure et en Égypte ont non seulement confirmé pleinement les assertions de l'histoire sur une civilisation de l'âge de fer, remarquablement avancée, qui y régnait plusieurs milliers d'années avant la naissance du Christ, mais elles ont en outre mis en lumière

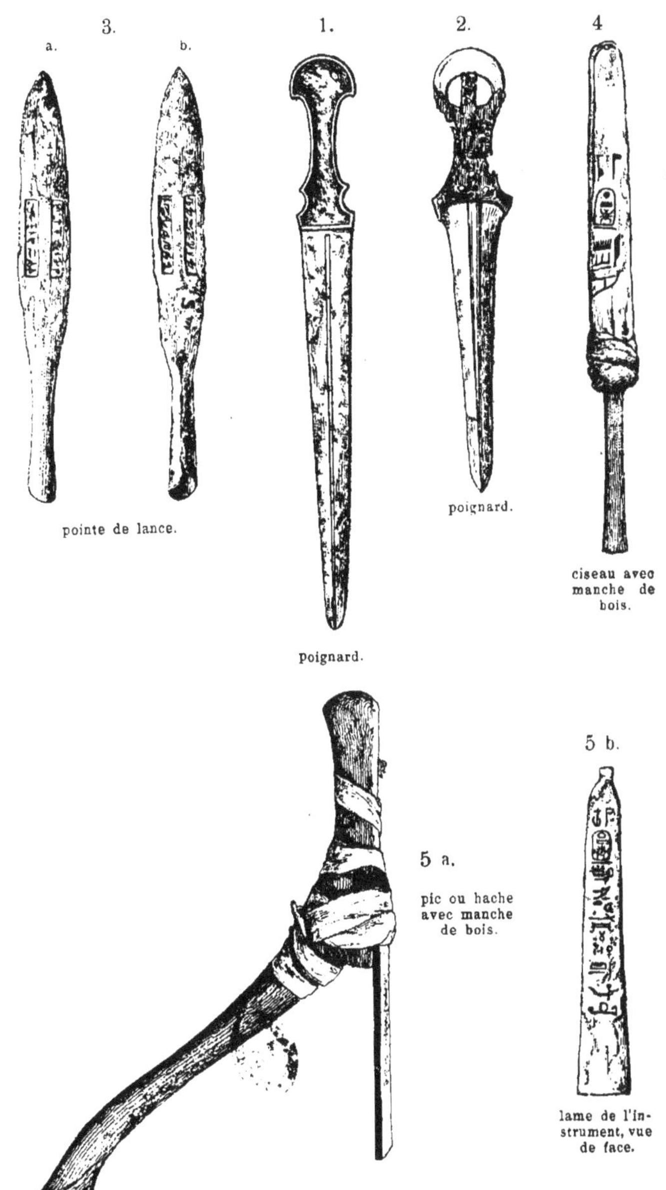

Objets de bronze égyptiens. $\frac{1}{3}$.

les restes d'une civilisation de l'âge de bronze, encore plus ancienne, et même d'un âge de pierre antérieur. Il est particulièrement instructif de constater que les objets de bronze trouvés en Assyrie et en Égypte ont un type spécial, différent de celui des antiquités indiennes du même âge, qui n'ont pas non plus de ressemblance déterminée avec les formes des objets de bronze de l'Asie septentrionale, de la Russie, de la Grèce et du reste de l'Europe. C'est déjà, pour le compte de l'Asie et de l'Afrique, un indice de ce que nous verrons plus tard se reproduire en Europe, à savoir: que les antiquités de l'âge de bronze ne proviennent pas d'un seul peuple industriel et commerçant, mais qu'en général le métal et surtout le bronze peut avoir été une marchandise universelle qui, chez les divers peuples et dans les divers pays, a reçu une forme particulière. Même dans l'âge de pierre plus éloigné, et aujourd'hui encore chez des peuplades sauvages, les circonstances locales influent sur la manière de travailler les objets les plus primitifs.

De même que les civilisations assyrienne, égyptienne ou phénicienne, n'auraient pu s'élever sitôt à la hauteur dont l'histoire fait mention, si la civilisation moins avancée de l'âge de bronze ne leur avait ouvert la voie; de même chez les Grecs, les Italiens et les Etrusques, la civilisation classique ne s'est pas élevée immédiatement sur celle de l'âge de pierre, bien que cette dernière ait d'après les dernières découvertes faites en Grèce, atteint sur le littoral favorisé de la Méditerranée un développement relativement considérable. Les restes d'armes de bronze, de bijoux, de vases de terre etc., découverts en Grèce et en Italie, fournissent conjointement avec les documents écrits, des preuves suffisantes qu'un véritable âge de bronze, remontant à une très-haute antiquité, a précédé la civilisation classique, c'est-à-dire grecque, étrusque et romaine.

Lorsque la civilisation de l'âge de bronze eut une fois pris pied en Asie mineure et en Égypte, il ne pouvait se

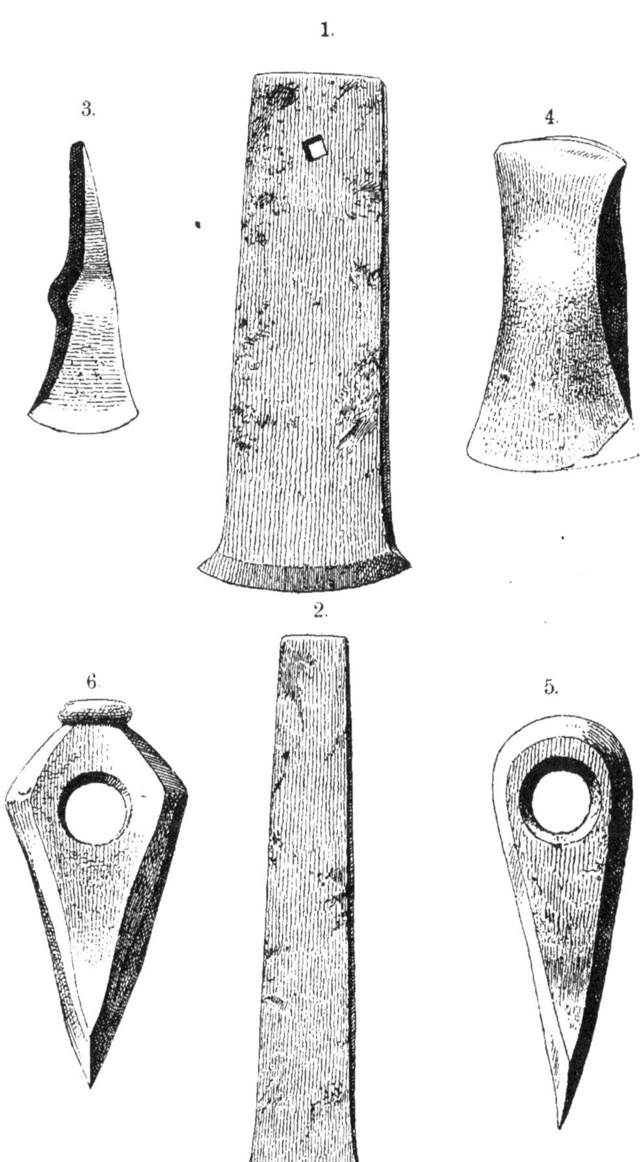

Antiquités grecques en bronze, de l'île de Thermia.

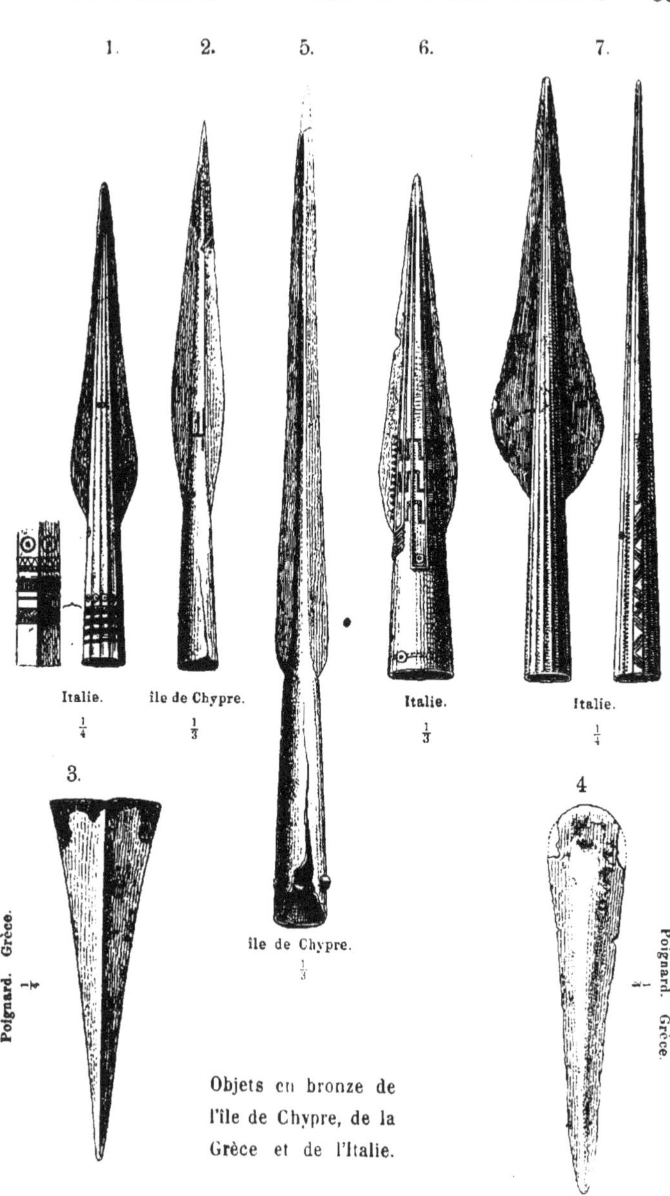

Objets en bronze de l'île de Chypre, de la Grèce et de l'Italie.

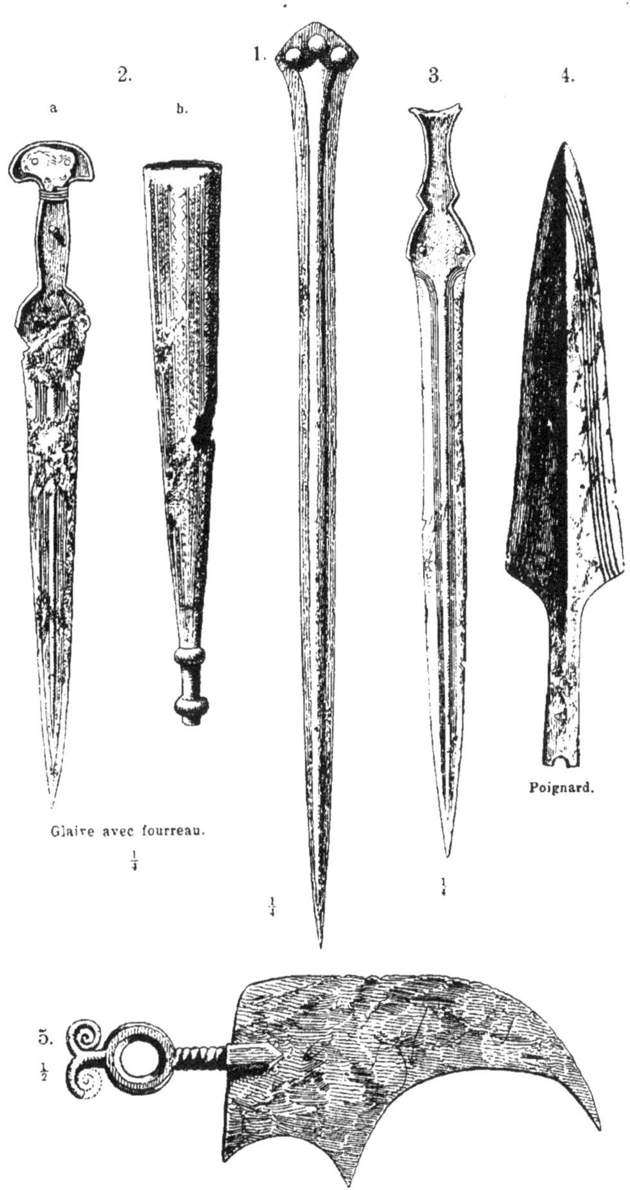

Objets en bronze de l'Italie.

Objets en bronze de l'Italie. $\frac{1}{2}$.

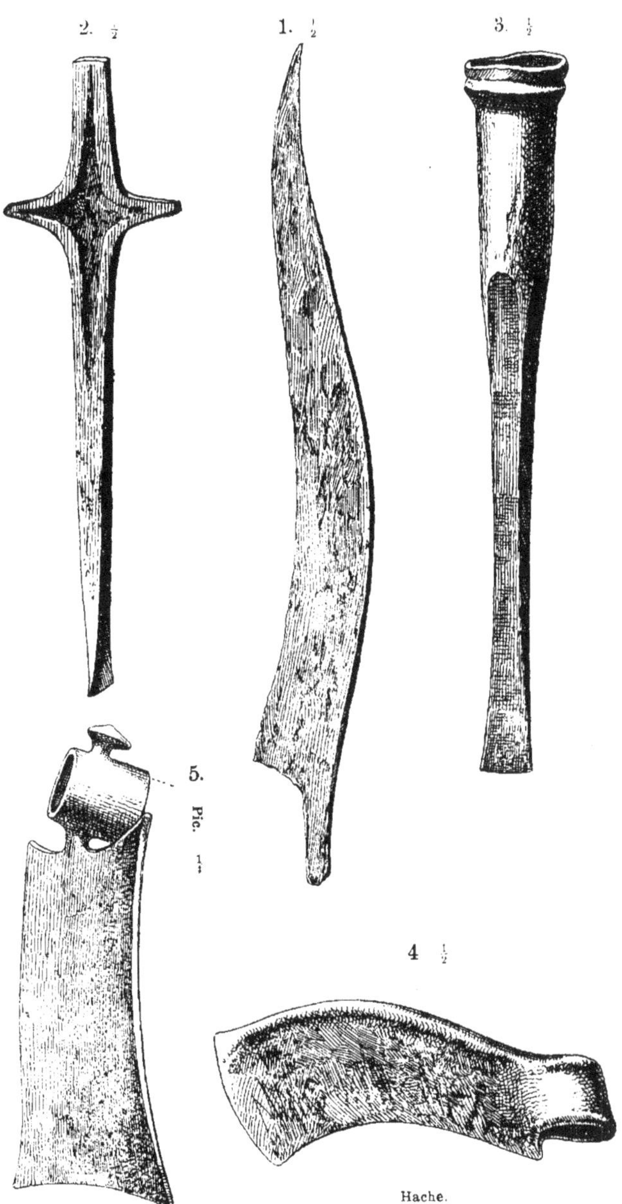

Objets en bronze de l'Italie.

passer beaucoup de temps avant que la connaissance du métal traversât le Bosphore ou fût importée par mer, de l'Égypte au littoral opposé de la Méditerranée, d'abord dans la Turquie européenne (l'ancienne Macédoine) et la Grèce, ensuite en Italie, pays qui tout naturellement furent les premiers en Europe à jouir des avantages de la civilisation de l'âge de bronze. Si l'on importa au commencement, avec le nouveau métal, divers objets étrangers comme échantillons (ce dont pourtant il n'y a pas beaucoup d'exemples dans les trouvailles faites jusqu'à ce jour), on ne tarda pas, en Grèce et en Italie, à adopter certains types qui se distinguent nettement des types égyptiens et asiatiques. On ne sait pas encore positivement (bien qu'il y ait des raisons pour le croire), si des migrations ont accompagné les grands mouvements de la civilisation et si, aux débuts de l'âge de bronze, de nouvelles populations ont passé de l'Asie mineure en Grèce, dans les contrées danubiennes et dans d'autres pays plus éloignés vers le nord et l'ouest. Mais il est clair du moins qu'il n'y a rien d'impossible à ce que les peuples de l'âge de pierre établis en Grèce (lesquels en tout cas n'ont pas été de suite totalement exterminés ou expulsés par de nouveaux arrivants) aient commencé eux-mêmes à adopter les armes et instruments de bronze, en place de ceux de pierre ou d'os. Aussi bien, faut-il remarquer à cet égard que celles des antiquités européennes de l'âge de bronze qui, pour la simplicité de la forme, se rapprochent le plus des objets de pierre, et qui pourraient ainsi donner lieu de croire à une transition régulière, ont été précisément trouvées en Grèce (voy. p. 130 fig. 1—6), dans l'île de Thermia[1]).

Au reste, le métal offrit bientôt aux populations intelligentes de la Grèce et de l'Italie, l'occasion de développer

[1]) Franks, *Proceedings of the Society of Antiq.* Londres. T. III. p. 437.

leur goût pour les belles formes et les beaux décors. Dès ces temps reculés, ils ornaient leurs armes et leurs parures de cercles concentriques, de spirales, de triangles, de méandres etc., genre d'ornementation qui plus tard devint, partout en Europe, surtout au Nord, caractéristique pour les produits de l'âge de bronze, et qui même, après la fin de cet âge, en Grèce et en Italie, se perpétua tout à la fois sur les grands monuments et les petits objets. On a supposé que ces ornements étaient, soit exclusivement soit principalement, des imitations empruntées avec la connaissance du métal aux anciens peuples civilisés de l'Asie. Il ne faut pourtant pas oublier que des ornements analogues, fournis par la nature elle-même, existaient en partie, dès l'âge de pierre, aussi bien çà et là en Europe, que dans les autres parties du monde où, par exemple, chez les Azteks, les Caraïbes et les Incas de l'Amérique, et même dans plusieurs îles de l'Océan pacifique, les cercles, les spirales, les triangles et même les méandres, ont été et sont encore en usage pour l'ornementation.

Après que la civilisation de l'âge de bronze se fut établie solidement et eut atteint un développement particulier en Grèce et en Italie, sans doute avec des nuances appréciables dans chacun de ces pays, elle devait naturellement, par des relations amicales ou hostiles, influencer peu à peu les pays situés plus loin vers le nord et l'ouest, dans l'Europe centrale. Si de nouvelles populations venant d'Asie y ont réellement immigré, vers la fin de l'âge de pierre, avec la connaissance et l'usage du métal, la civilisation de l'âge de bronze doit s'être répandue d'une manière d'autant plus rapide et plus indépendante. A l'aide du métal, les contrées du centre de l'Europe furent ouvertes complètement à la colonisation permanente. La population semble y avoir atteint une densité considérable, en même temps que l'élève du bétail, l'agriculture, le commerce et l'industrie faisaient des progrès marqués.

Il était donc complétement dans l'ordre que les peuples vivant alors dans l'intérieur de l'Europe, surtout en Hongrie, en Autriche, en Bohème et dans l'Allemagne méridionale ne voulussent pas, à la longue, se borner à recevoir des pays méridionaux des objets de bronze fabriqués ou à les imiter servilement; d'autant plus que leurs propres montagnes étaient riches en métaux et leur offraient ainsi doublement l'occasion d'y imprimer le cachet national. Par une coincidence remarquable, les antiquités du premier âge de bronze (car il n'est pas encore question des objets plus récents, contemporains de la transition de l'âge de bronze à l'âge de fer), qui ont été trouvés le plus près de la Grèce et de l'Italie, offrent de très-grandes ressemblances avec les objets en bronze de ces pays; la ressemblance diminue au contraire de plus en plus à mesure que l'on s'éloigne vers le Nord. Ainsi, en Hongrie, on distingue déjà clairement des formes particulières à côté des types plus méridionaux qui se perdent; de même, la Bohème et la Bavière ont des objets spéciaux qui forment évidemment un chaînon intermédiaire entre les bronzes du nord et ceux du midi de l'Europe.

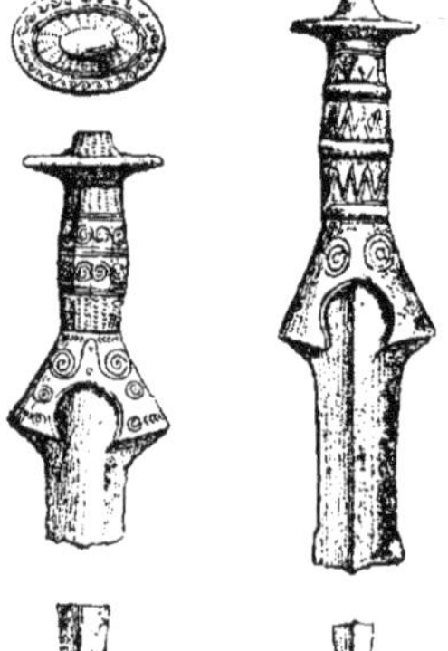

Fig. 1. Fig. 2.

C'est en effet une circonstance remarquable que parmi les armes de bronze découvertes jusqu'ici en Assyrie et en Égypte, on n'a trouvé qu'un poignard de bronze[1]), mais pas d'épées de ce métal, comme c'est aussi le cas pour la Russie. C'est seulement en Grèce et en Italie que l'on commence à découvrir

[1]) Cfr. Kemble et Franks, *Horæ ferales*, pl. VII, fig. 1, poignard de bronze de Nimroud. Deux autres de même forme figurent dans les *Alterthümer* de Lindenschmit, T. II, livr. XI, pl. III, fig. 1—2. — Cfr. plus haut, p. 128, les fig. 1—2.

des épées de bronze. Mais, à l'exception d'un type grossier de longues et minces épées de bronze tout-à-fait spécial à l'île de Sardaigne[1]), ces armes sont encore relativement courtes dans tout le reste de l'Italie et en Grèce. Elles ont même souvent des fourreaux de bronze et sont ordinairement dépourvues de poignées de métal; elles n'ont qu'une soie effilée ou plate pour maintenir la poignée de bois ou d'os, que l'on fixait volontiers avec des rivets. La Macédoine seule a fourni une épée extraordinairement large, mais courte, pourvue d'une poignée de bronze très-petite et décorée[2]).

C'est seulement plus loin vers le nord, en Hongrie, en Autriche, en Suisse et dans l'Allemagne méridionale que les épées commencent à avoir une forme nouvelle et plus grande. Au fur et à mesure que les fourreaux de métal disparaissent, les poignées de métal se montrent quelquefois semblables à celle de l'épée macédonienne mentionnée plus haut; ailleurs, avec la forme de l'épée de Pass Lueg, près Salzburg (voy. les fig. pag. 137), et avec plusieurs autres types également développés[3]). Plus on approche du nord, plus nombreux sont les types et plus riches sont les décors des poignées, jusqu'à ce que celles-ci atteignent leur plus haut développement dans le nord de l'Allemagne et les pays scandinaves, où les plus anciennes épées de bronze ont aussi une longueur alors inusitée au midi de l'Europe.

Un semblable développement graduel du sud au nord, avec des nuances appréciables entre le centre et le nord de l'Europe, et avec des différences encore plus fortement

---

[1]) Gaetano Cara, *Cenno sopra diverse armi, decorazioni e statuete militari, rinvenute in Sardegna.* Cagliari, 1871, in-4⁰, pl. B, fig. 6—11; C, fig. 1—3, 6—7.

[2]) Franks, *Horæ ferales*, pl. VII, fig. 4—6.

[3]) Voy. dans les *Alterthümer* de Lindenschmit. I, livr. I, pl. 2, fig. 5—9; livr. VII, pl. 2, fig. 1, 4—5; livr. VIII, pl. 3, fig. 2, 4—5; et dans les *Horæ ferales* de Franks, pl. VIII, fig. 10.

empreintes entre le sud et le nord de l'Europe, se manifeste incontestablement dans les plus anciens objets de bronze: dagues, haches, celts à queue et à douille, plaques de bouclier, parures de tête, fibules etc. On trouve aujourd'hui, partout au centre et au nord de l'Europe, des traces de la fabrication locale d'objets de bronze, par exemple, en Danemark, le matériel et des dépôts de métallurgistes de l'époque la plus ancienne et la plus brillante de l'âge de bronze[1]). Il en ressort donc que la civilisation de l'ancien âge de bronze, dans l'Allemagne septentrionale et la Scandinavie, n'est pas due uniquement ou principalement à des influences directes, à des relations commerciales, ou à des colonies venues de la Grèce ou de l'Italie.

Il doit être clair au contraire que cette civilisation, dans sa lente marche de l'orient et du sud de l'Europe vers le nord et l'ouest de l'Europe, a fait une station dans les contrées métallifères du centre de l'Europe; elle s'y est développée avec une sorte d'indépendance et de richesse; et de là, elle a peu à peu rayonné plus loin et, circonstance remarquable, faiblement à l'est vers les frontières de la Russie, mais d'autant plus fortement vers le nord-ouest et le nord jusqu'au nord de l'Allemagne et aux pays scandinaves. La nouvelle civilisation qui semble avoir passé tout à la fois par la péninsule jutlandaise et la Baltique pour pénétrer au Nord, et même par les îles d'Œland et de Gotland pour aller en Suède, y arriva nécessairement

[1]) Voy. mon mémoire sur la *Découverte du matériel d'un métallurgiste de l'âge de bronze*, à Smørumøvre en Sélande, dans *Annaler* de la Société des Antiquaires du Nord, 1855, p. 121—140 avec 5 pl.

[2]) L'illustre professeur Nilsson, avec qui je suis d'accord pour reconnaître que les plus anciens objets de bronze au Nord sont les plus beaux et que leurs prototypes, originaires de l'Orient, sont arrivés sous une forme déjà très-perfectionnée, admet, comme on sait, une influence directe, et même une influence phénicienne.

tard et complètement développée; mais, dès qu'elle y fut généralement répandue, elle prit peu à peu dans les différentes contrées, comme partout auparavant, un caractère particulier et encore plus fortement accentué[1]).

Que la civilisation de l'âge de bronze soit réellement arrivée au nord de cette manière et qu'elle n'ait pu venir de l'ouest par les îles britanniques et la Gaule, ni de l'est par la Russie, c'est ce que démontre plus amplement la comparaison avec les restes de l'âge de bronze de l'Europe occidentale.

Il est vrai que les antiquités du premier et du second âge de bronze ne sont pas encore assez nettement séparées dans les pays occidentaux. Mais alors même qu'on les considère comme un unique ensemble, il est évident que tous les objets richement ornés, spéciaux à l'âge de bronze septentrional: poignées d'épées et de dagues, plaques de bouclier, parures de tête et de poitrine etc., manquent totalement ou bien se présentent sous des formes beaucoup plus simples et fortement nuancées; notamment les épées et les dagues avec poignée de bronze, qui sont si nombreuses dans le centre et le nord de l'Europe, sont extrêmement rares en France, en Angleterre, en Écosse et en Irlande, et, lorsqu'on en rencontre isolément, elles présentent beaucoup plus d'analogie avec les formes italiennes qu'avec les types septentrionaux; c'est pourquoi on les trouve parfois, comme les épées italiennes, dans des fourreaux de

---

[1]) Comme types de l'ancien âge de bronze en Danemark, voy. mes *Nordiske Oldsager:* épées, p. 30—31, fig. 121—131; dagues, p. 32, fig. 140—142, 144; haches, p. 28, fig. 113; ciseaux ou celts à queue, p. 37, fig. 181, 183; pointes de lance et celts à douille, p. 38, fig. 185, 186, 193, 194; fragment de heaume, p. 41, fig. 202; plaque de bouclier, p. 44, fig. 205; parures de tête, p. 47, fig. 216—218; collier, p. 50, fig. 226; fibules, p. 51, fig. 228, 229 etc.

Pour la Suède, voy. O. Montelius, *Sveriges forntid*, âge de bronze, I, p. 27—38.

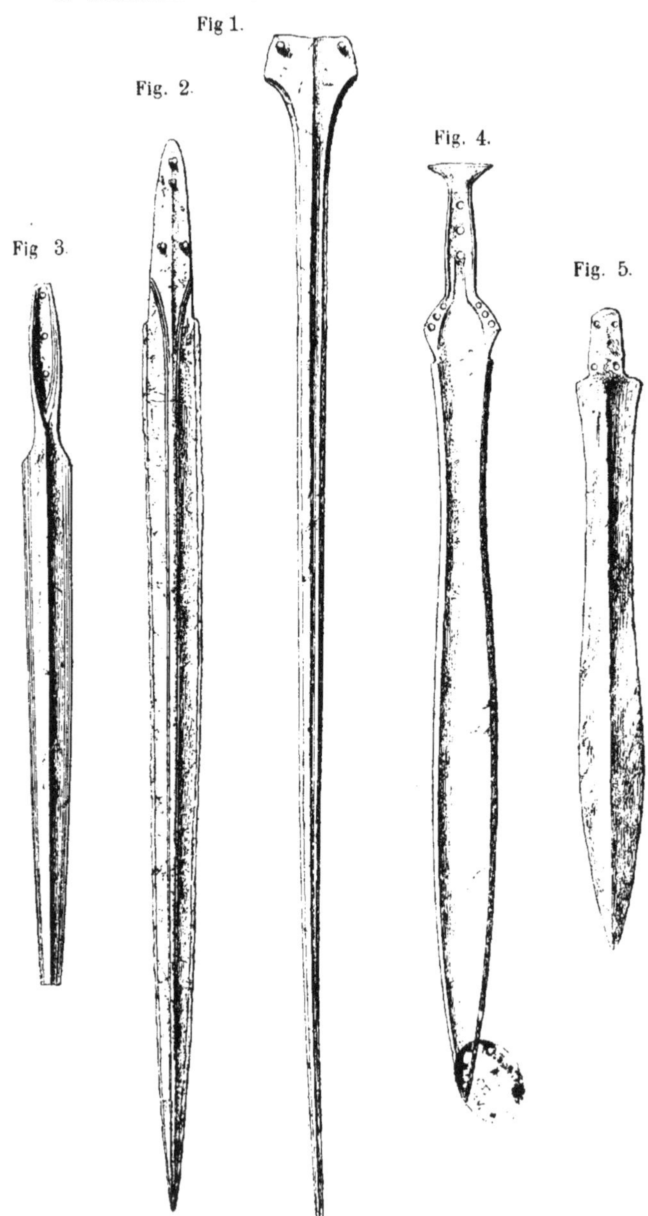

Epées de bronze: Irlande.

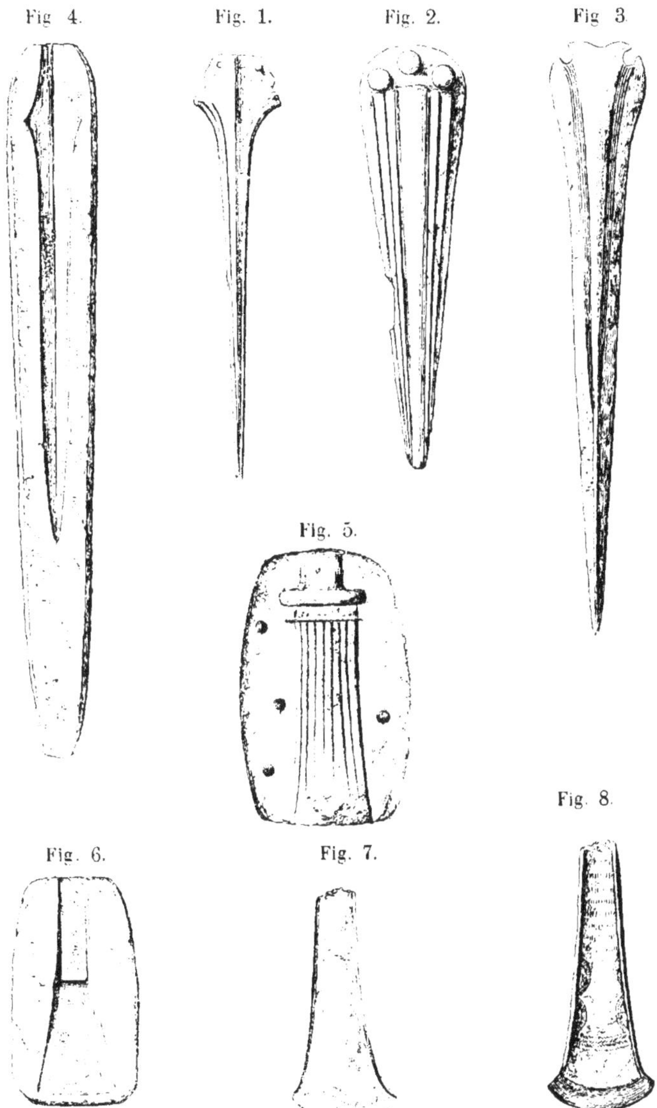

Objets de bronze : Irlande (fig. 4, 5, 6, moules en pierre).

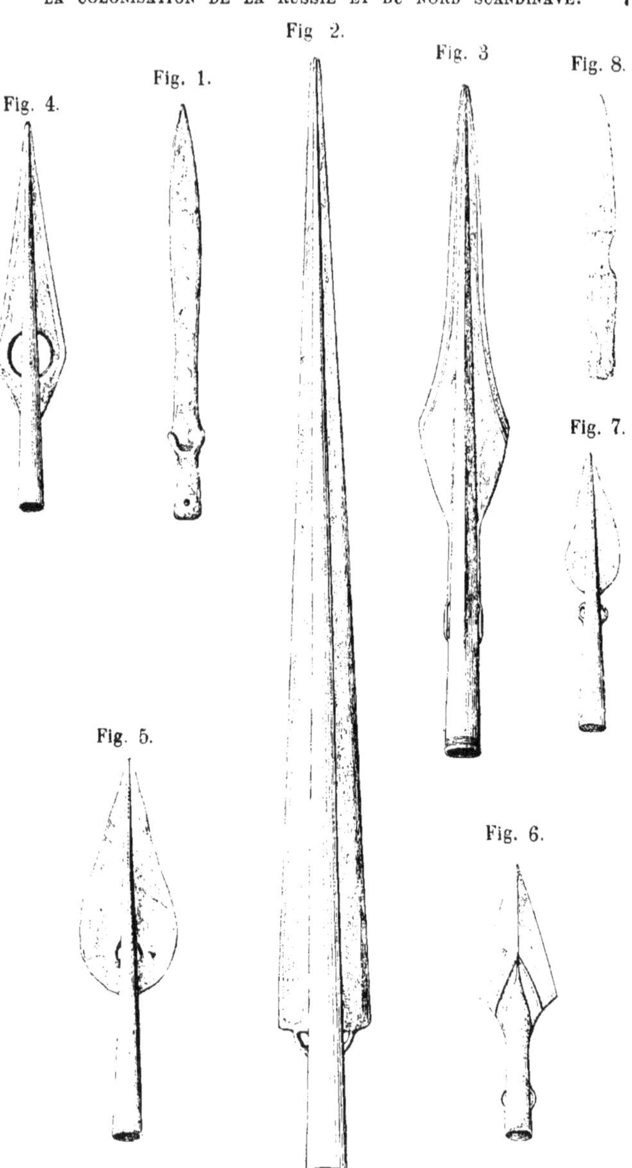

Pointes de pique, en bronze : Irlande.

Fig. 1.

Parure en or.

Fig. 2.

Trompette de bronze.

Fig. 3.

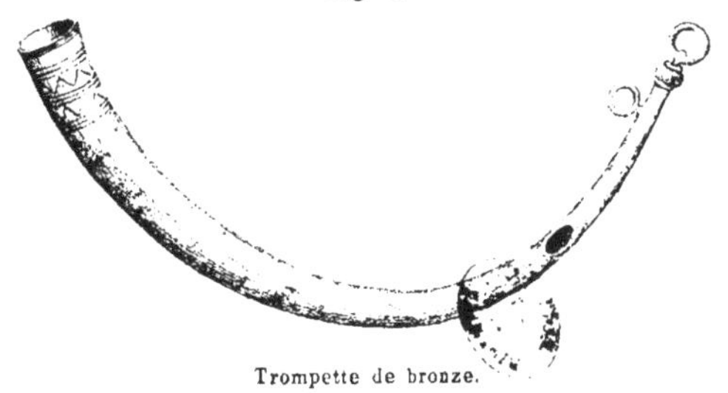

Trompette de bronze.

Objets de l'âge de bronze : Irlande.

bronze[1]). L'Irlande, par suite de sa situation isolée, doit n'avoir reçu que tardivement la civilisation de l'âge de bronze, laquelle s'y maintint fort longtemps et y atteignit un développement relativement élevé. Elle y affecte cependant un caractère de simplicité et d'uniformité, avec des particularités si prononcées qu'il ne peut être question de chercher dans les îles Britanniques et la Gaule le foyer de cette civilisation si développée au nord de l'Europe dès ses débuts. Le courant de civilisation déja mentionné qui de la Grèce et de l'Italie s'étendit à travers l'Europe centrale jusqu'au nord scandinave, semble ne pas avoir dépassé à l'ouest les contrées rhénanes; et tous les pays situés plus loin vers le sud-ouest et l'ouest jusqu'à l'Irlande paraissent avoir reçu un autre courant de civilisation venu directement de l'Italie en passant par la France méridionale. A cet égard, un archéologue français[2]) a déjà cru pouvoir montrer comment dans le bassin du Rhône, la civilisation de l'âge de bronze a peu à peu remonté de l'embouchure du fleuve vers le nord et le nord-ouest. Si l'hypothèse qu'un semblable courant a passé de l'Italie à l'ouest de l'Europe vient à se confirmer, il en résultera que les pays occidentaux n'ont pas participé au développement ultérieur de cette civilisation, développement qui eut lieu dans l'Europe centrale et qui contribua si puissamment au remarquable essor qu'elle prit dans le bassin de la Baltique. De cette façon, il régna constamment dans les pays occidentaux une plus grande simplicité que dans le nord de l'Allemagne, en Danemark et en Suède, où les habitants avaient aussi plus de

---

[1]) Une épée gauloise en bronze avec poignée dans *Horæ ferales* de Franks. pl. VIII. fig. 7; une épée gauloise du type italien, *Ibid.* pl. VII. fig. 7. Voy. d'ailleurs les objets de bronze de l'ouest de l'Europe représentés dans le même ouvrage.

[2]) Chantre dans *Matériaux pour l'hist. de l'homme.* VIII. 2e série. T. III. 1872. p. 265—281.

facilités à rester en relations continues avec leurs initiateurs les plus rapprochés, les peuples du centre de l'Europe.

Mais tout le nord et le nord-ouest de l'Europe (à l'exception de la partie la plus septentrionale de la Norvège, de la Suède et du nord de la Russie, où l'âge de pierre n'était pas encore terminé) avaient en commun une particularité très-importante: c'est que la civilisation de l'âge de bronze put s'y maintenir pendant longtemps, certainement même pendant des siècles, dans sa pleine originalité et s'y développer indépendamment avec un éclat et une richesse, qui autrement seraient inexplicables; et cela, à une époque où la même civilisation avait, depuis longtemps déjà, disparu au sud de l'Europe pour faire place à la civilisation de l'âge de fer, ou bien tout au moins était en lutte avec celle-ci.

Car en Grèce et en Italie, où de nouveaux courants de civilisation partis de la Phénicie, de l'Assyrie, de l'Egypte et d'autres contrées de l'Asie et de l'Afrique, apportaient sans cesse les germes de la civilisation classique (grecque, étrusque et romaine), il se forma de bonne heure, aux approches de l'âge de fer, un style de transition qui, dans le plus récent âge de bronze (aussi appelé par quelques-uns l'ancien âge de fer), servit de précurseur à l'âge de fer, en se substituant au style plus ancien et plus pur de l'âge de bronze. Ce style de décadence qui se manifeste dans de nouvelles formes d'épées et d'autres armes, de parures, de vases, etc., ainsi que dans de nouveaux ornements plus barbares, émigra vers le nord et, dans le cours des temps, il eut un important foyer dans l'Europe centrale, surtout en Hongrie, en Autriche et dans le sud de l'Allemagne [1]). De là, après s'être nuancé d'une manière appréciable, il

---

[1]) Von Sacken, *Das Grabfeld von Hallstatt*, types d'épées, pl. V. 1, 6—7; de celts à queue et à douille, pl. VII; de vases, pl. XX, XXII—XXVI; de parures, pl. IX, X. XII—XVIII; d'ornements etc. etc.

se répandit peu à peu vers l'Ouest et le Nord, jusqu'à ce qu'enfin il atteignît tardivement les derniers refuges de l'âge de bronze: le nord de l'Allemagne et les pays scandinaves. Par suite de l'accroissement des relations entre les diverses contrées de l'Europe, le courant semble avoir été un peu plus uniforme que dans la première période de l'âge de bronze. Les épées du moins présentent dans l'Europe centrale, la Gaule, les îles Britanniques et le Nord, beaucoup plus d'analogies mutuelles qu'auparavant. Mais on vit la répétition de ce qui s'était déjà passé: la décadence de cette civilisation du dernier âge de bronze dura beaucoup plus longtemps dans le Nord isolé qu'au sud de l'Europe. Ici, le fer était en usage depuis des siècles, que la période finale de l'âge de bronze se continuait au Nord, où le calme et les circonstances favorables lui permettaient de développer des types en partie originaux: trompettes, boucliers, bijoux, vases, etc. que le visiteur considère avec surprise dans les musées du Nord[1]).

Types d'épées du dernier âge de bronze, dans Lindenschmit, *Alterthümer*, I, livr. I. pl. 2, fig. 1—4, 6—8, 13—16 (un remarquable moule pour poignée d'épée, provenant de l'Italie, fig. 10—12); livr. VII. pl. 2, fig. 2-3; livr. VIII, pl. 3, fig. 1—3. — Cfr. Franks, *Horæ ferales*. pl. VIII, fig. 1—6; pl. IX, fig. 1—9.

[1]) Comme types du récent âge de bronze en Danemark, cfr. dans mes *Nordiske Oldsager*, les épées p. 31, fig. 133—137, et leurs imitations symboliques, p. 93, fig. 147—156; — les haches, p. 27—28, fig. 110—112; — les couteaux, p. 35—36, fig. 165—175; — les celts à queue, p. 37, fig. 179, 182, 184; — les celts à douille, p. 38, fig. 195—197; — les trompettes, p. 39—40, fig. 199—201; — les boucliers, p. 41—44, fig. 203—204, 206; — les parures de tête, p. 48—50, fig. 219—225; — les fibules, p. 51, fig. 230—231; — les peignes et les broches, p. 52—53, fig. 233—235, 237, 238 et 240; — les bracelets, p. 56—57, fig. 258, 259—262; — les parures, p. 58, fig. 264—265; — les vases, p. 61—62, fig. 278—283. Cfr. p. 45, n. 208, etc.

Pour la Suède, voy. O. Montelius, *Sveriges forntid*: l'âge de bronze, II. p. 41—80.

Ainsi la décadence et la ruine de l'âge de bronze devaient finalement venir des mêmes contrées, d'où cette civilisation tirait son origine et ses premiers développements; de même qu'aupuravant elle avait été détruite en Grèce et en Italie par des influences parties de ses anciens foyers en Asie et en Afrique.

C'est à la chute de l'âge de bronze au sud de l'Europe que l'histoire commence à répandre de faibles lueurs sur les pays classiques, mais elle ne jette que peu à peu des éclairs isolés sur les pays barbares situés plus au nord et déjà fort peuplés. Vers le commencement de notre ère, il y avait déjà au moins sept à huit siècles que la civilisation de l'âge de fer régnait chez les peuples classiques sur le littoral de la Méditerranée, et elle pénétrait également chez les peuples les plus voisins, les Celtes et les Germains, de même que chez les Scythes et d'autres peuples de la Russie méridionale. Mais, dans le bassin de la Baltique, au moins jusque sur le littoral du lac Mælar, vers le nord, chez les Goths (les *Gutones* de Tacite qui faisaient usage de «boucliers ronds» et «d'épées courtes»), la civilisation de l'âge de bronze se maintenait encore en partie, bien qu'elle fût dans sa dernière période; au contraire, plus loin vers le nord, dans la péninsule scandinave, en Norvège, en Finlande, dans la Russie septentrionale et centrale, la connaissance du métal, peu répandue, n'avait pas encore réussi à supplanter les armes et les instruments de pierre. Dans le passage connu où Tacite décrit la barbarie des Fenni qui, de son temps encore, faisaient usage de flèches d'os, il y a un frappant contraste entre ce qui se passait dans les froides contrées de l'extrême nord et sous le climat favorisé des pays classiques.

III.

L'ANCIEN ÂGE DE FER.

(Du commencement de notre ère à l'an 450 environ.)

Pendant l'âge de bronze dont la civilisation fut à tant d'égards si remarquable, la Russie n'avait joué, comparativement au reste de l'Europe, qu'un rôle fort effacé, bien qu'au sud elle fût peu éloignée du berceau de cette civilisation et, au nord, de sa dernière station en Europe. Les pays qui composent cet empire, à l'exception peut-être de la Crimée et du littoral de la mer Noire, qui dès l'âge de pierre étaient séparés du reste de la Russie, n'avaient pour ainsi dire de relations qu'avec les contrées de l'Asie centrale et septentrionale, lesquelles étaient plus en dehors des grands courants de la civilisation universelle proprement dite.

En revanche, la Russie fut d'autant plus tôt en contact avec la civilisation de l'âge de fer, et cela non seulement par ses anciennes relations avec l'Asie, où la connaissance du fer avait peu à peu pénétré jusqu'en Sibérie, mais principalement par l'influence directe de la Grèce elle-même, le plus ancien foyer de la civilisation classique en Europe. Les anciennes différences entre le sud et le nord de la Russie devaient maintenant se montrer plus tranchées que jamais.

Huit cents au moins, et même un millier d'années avant que la dernière periode de l'âge de fer ne se terminât au nord de l'Europe, aux approches de notre ère, l'influence des peuples antiquement civilisés de l'Asie et de l'Egypte avait fini par ruiner complètement la civilisation de l'âge de bronze en Grèce, et par faire de ce pays un foyer de science et d'art, auparavant sans exemple dans l'histoire du monde. Le peuple grec eut la mission de propager la civilisation universelle par ses colonies, son commerce, ses conquêtes, et de la transplanter à l'ouest, en Italie, dans la Gaule méridionale et dans d'autres contrées au sud de l'Europe; au nord-est, jusqu'au littoral de la mer Noire; et à l'est, jusqu'aux confins de l'Inde, en passant par l'Asie mineure.

Un des résultats fut la fondation de colonies grecques dans la Russie méridionale, au VIe ou VIIe siècle avant notre ère. Ces colonies furent principalement établies: en terre ferme, près du Bug et du Dniepr, avec Olbia (près Nikolaïew) pour capitale; en Crimée, à Kertch (Panticapée) à l'entrée de la mer d'Azow, à Kaffa (Théodosie), en outre à Sennaïa (Phanagorie), à Nedrigoska (Tanaïs) etc. Dans le cours des temps, on a exhumé dans ces localités d'innombrables restes de la plus belle époque de l'art grec, lesquels ornent aujourd'hui les musées russes et les rendent à quelques égards incomparables. Ce sont des témoignages parlants de la vie, du mouvement et du haut développement, qui, pendant des siècles, doivent avoir régné sur les côtes de la mer Noire et qui par conséquent ne pouvaient manquer d'influer sur les pays barbares situés plus loin vers le nord.

Diverses fouilles faites dans les kourgans ou tombeaux scythiques des gouvernements les plus méridionaux (Kherson, Jekaterinoslaw, Poltawa et Kiew) et notamment dans la grandiose sépulture d'Alexandropol, ont aussi montré dans quelle large mesure les vases, bijoux, armes et autres produits de la haute civilisation grecque de l'âge de fer avaient été répandus chez les peuples Scythes et y étaient en usage[1]), plusieurs centaines d'années avant notre ère.

---

[1]) Voyes *Comptes-rendus de la Commission imp. archéologique de St. Pétersbourg.* in 4^{0}, avec atlas. — Recueil d'antiquités de la Scythie. Livr. I. St Pétersbourg, 1866, in – 4^{0}, avec atlas. La collection impériale de l'Ermitage à St Pétersbourg contient de nombreuses et remarquables antiquités scythes; des épées de fer à poignée garnie d'or, des bijoux, de grands

Cependant à côté des objets purement grecs, on trouve de temps à autre dans les kourgans des armes et des instruments de bronze; ceux-ci rappellent que la civilisation grecque, à son arrivée dans ce pays, rencontra une civilisation de l'âge de bronze, passablement grossière et surtout asiatique[1]. Ce fait expliquerait à son tour comment les Scythes, depuis longtemps familiarisés avec l'usage du métal, furent sitôt en état de remanier les types grecs et d'imprimer leur propre cachet aux imitations barbares, ce dont les sépultures fournissent des preuves remarquables. Malgré la puissante influence que la Grèce exerça, pendant des siècles, en Crimée et dans la Russie méridionale, il ne semble pourtant pas qu'une civilisation originale édifiée sur ce fondement classique ait pu se développer considérablement ou se propager plus loin vers le nord. On ne trouvera pas non plus dans la Russie méridionale de ces imitations barbares de médailles grecques ou romaines qui se faisaient alors chez les peuples de l'Europe centrale et méridionale et qui sont un témoignage de leurs fréquentes relations, d'abord avec les Grecs ou leurs colonies d'Italie et de Gaule (Marseille) et plus tard avec les Romains. Les monuments grecs ou demi-grecs s'arrêtent déjà dans les gouvernements de Kiew et de Poltawa, et les monnaies grecques elles-mêmes, que le commerce international devait naturellement porter bien au delà des limites propres de la civilisation grecque ou de son rayon de véritable influence, se trouvent rarement dans la Russie méridionale et plus rarement encore au nord-ouest de la Russie et dans les bassins de la

---

vases de bronze etc. qui, il faut l'espérer, seront prochainement reproduits par la gravure.

[1]) Hatzuk qui, dans un tirage à part des Mémoires de la Société archéologique de Moscou, pour 1865, mentionne des objets de l'âge de bronze trouvés avec des squelettes dans les kourgans au sud de Moscou, admet aussi que ces objets sont dûs à une influence orientale, asiatique.

Vistule et de l'Oder, bien que de très-bonne heure une voie commerciale eût été ouverte, principalement sans donte à cause de l'ambre, le long du Dniepr, de la Vistule et de l'Oder jusqu'au littoral de la Baltique[1]).

A l'exception peut-être de trouvailles entièrement isolées faites sur les côtes orientales de la Suède, on connaît à peine une seule médaille ou antiquité grecque qui ait été découverte dans les pays scandinaves. Ceux-ci paraissent n'avoir eu alors de communications directes ni avec les colonies grecques si remarquablement avancées et si fortement établies sur le littoral de la mer Noire, ni avec la Grèce elle-même. Il serait d'ailleurs parfaitement incompréhensible qu'il pût y avoir une différence de huit cents ans, presque même de mille ans, entre le commencement de l'âge de bronze dans la Grèce avec ses colonies et dans le nord Scandinave, d'autant plus que, pendant l'âge de bronze préclassique, il y eut évidemment des relations continues entre le sud et le nord de l'Europe. Mais justement, la nouvelle civilisation classique du Midi élevait entre les peuples si avancés du Sud et les barbares du Nord une barrière si haute qu'il n'y en avait jamais eu de semblable, et qu'il fallait des siècles de luttes sanglantes pour la franchir sans pouvoir la détruire entièrement. En effet, tandisque les civilisations primitives des âges de pierre et de bronze, communes à tous les peuples de l'Europe, après une marche lente et graduelle du sud au nord, atteignaient un haut degré, et, à ce qu'il semble, le plus haut degré d'épanouissement dans les contrées éloignées du nord et du nord-ouest de l'Europe, le contraire avait lieu pour la civi-

1) Kruse, *Necrolivonica*, p. 21—23. Les prétendues trouvailles grecques de Koltzen, en Livonie, que représente la pl. XXI de cet ouvrage, semblent se composer d'éléments divers appartenant à des époques très-différentes. On sait d'ailleurs que l'on manque de rapports exacts sur la provenance des divers objets.

lisation de l'âge de fer qui, dans son mouvement du sud au nord, devint de plus en plus barbare.

L'influence romaine, s'exerçant des bords de la mer Noire sur la Russie moyenne et les contrées plus septentrionales, fut évidemment plus faible encore que l'influence grecque. Elle contribua sans doute toujours à fortifier le développement qui devait préparer les Slaves les plus méridionaux à leur mouvement ultérieur vers l'Ouest sur le continent de l'Europe centrale et septentrionale. Mais elle a été certainement entravée dans sa marche vers le nord, partie par des migrations qui commençaient à se produire en Asie et dans l'intérieur de la Russie, partie par l'immensité des déserts qui avaient déjà arrêté la civilisation grecque; les déserts, qui s'étendaient à la fois sur les frontières orientales de la Russie et dans l'intérieur du pays, sont mentionnés expressément par Hérodote, et il est hors de doute que, longtemps après cet historien, ils continuèrent à rendre difficiles les relations entre le nord et le sud. Aussi les traces d'un ancien âge de fer particulier sont-elles extrêmement rares et problématiques dans ces pays septentrionaux, et celles que l'on a découvertes jusqu'ici, comme les trouvailles de transition faites à Jelabugy dans le gouvernement de Wiatka, semblent, comme par le passé, se rattacher plutôt à l'Asie qu'à l'Europe. De même que pendant l'âge de fer, on ne trouve encore que des poignards de forme particulière et d'autres petites armes qui, à plusieurs égards, offrent de remarquables ressemblances avec les antiquités sibériennes de l'âge de fer. Celles-ci sont passablement nombreuses dans les collections russes et particulièrement au Musée de la ville de Moscou, malheureusement elles n'ont pas encore été suffisamment étudiées et décrites. Ni dans les antiquités des diverses contrées de la Russie, exposées et figurées au Congrès de Moscou, ni dans les musées russes que j'eus l'occasion de visiter, je ne pus découvrir les modèles des types caractéristiques pour l'ancien âge de fer romain-barbare (armes, bijoux, etc.) qui, vers le commencement de notre ère, atteignit son plein développement au centre de l'Europe, au Nord de l'Allemagne et dans les pays scandinaves, et qui dura à peu près jusqu'à la chute de l'Empire d'occident, vers 450.

Tout en admettant que l'on n'est pas encore arrivé en Russie à distinguer entre les nombreuses sépultures contenant des objets de fer, qui, malgré la différence des temps, sont sans cesse confondus ensemble,[1]) — il est déjà incontestable tout à la fois, que les trouvailles des temps comparativement récents sont de beaucoup les plus nombreuses et que les restes de l'âge de fer ont généralement, en Russie, un caractère très-prononcé, bien différent des types de l'Europe occidentale, et se rapprochant beaucoup plus des types asiatiques. Il ne faut pourtant pas perdre de vue que les diverses contrées de l'immense empire russe se sont naturellement développées de manières très-diverses; par exemple le littoral de la mer Noire bien différemment de celui de la Baltique; et les régions ouraliennes, des anciens pays polonais. Il semble aussi clairement que pendant l'ancien âge de fer, les provinces les plus occidentales de la Russie se rapprochent davantage de l'Europe occidentale que des parties centrales et orientales de l'Empire.

On peut dire notamment que c'est le cas pour les provinces Baltiques de la Russie, la Lithuanie russe, la Russie Blanche et les contrées voisines. On n'y a pas seulement découvert des médailles romaines des premiers siècles de notre ère, mais aussi d'autres objets romains, qui indiquent une influence continue de la puissante civilisation latine.

---

[1]) On obtiendra sans doute une plus grande clarté, au moins pour la Russie centrale, à la suite des fouilles que le Cte. Ouwaroff, président de la Société archéologique de Moscou, a fait faire avec grand soin, pendant ces dernières années, dans plusieurs milliers de tombeaux surtout aux environs de Moscou.

Plus on se rapproche des côtes de la Baltique, plus frappantes deviennent les ressemblances avec certains faits archéologiques des pays Scandinaves. A cet égard, une trouvaille faite dans une petite mare à Dobelsberg (paroisse d'Autz), entre Liebau et Mitau, au sud du golfe de Riga, en Courlande, nous offre d'intéressants points de comparaison. Sur un espace de quelques pieds carrés, à une profondeur d'environ un pied et demi, on découvrit, partie dans un vase de terre, partie mêlés ensemble, environ douze cents objets, savoir: 472 pointes de lance en fer, dont 46 avec pointes fortement tordues, 186 fragments de douilles de lance, 131 celts de fer, 40 haches, 13 pics ou haches, 14 fragments de celts, haches, pics, marteaux et enclumes, 28 objets pointus (instruments de forgeron), 6 fragments de lames d'épées et 3 poignées en fer, plus une quantité de morceaux de fer rouillés, un collier de bronze, 18 bracelets de bronze, fer et argent, 9 fibules de bronze et de fer, «qui semblent être de forme romaine», deux anneaux en spirale, plusieurs cercles de fer enroulés, etc., enfin deux polissoires en pierre et 60 pierres en forme de navette de tisserand, avec ou sans entailles sur les côtés plats. A en juger d'après la description préliminaire[1]), il n'est pas douteux que cette trouvaille, avec ses objets caractéristiques pour l'ancien âge de fer (pierres fuselées, celts de fer, fibules de forme romaine, etc.) ne soit de même genre que les célèbres dépôts dans les marais du Slesvig, du Jutland, de la Fionie et de Bornholm[2]), lesquelles datent des derniers temps du Ier âge de fer, et sont probablement fondées sur d'antiques coutumes religieuses datant de l'âge de bronze,

---

[1]) Grewingk, *Ueber heidnische Gräber Russisch Litauens*, p. 201—205 (d'après Bielenstein et Döring), dans Sitzungsber. d. kurländ. Ges. f. Lit. und Kunst. 1869, p. 20, 26 et s.

[2]) Cfr. C. Engelhardt, *Description de trouvailles faites dans les marais du Danemark:* Thorsbjerg et Nydam en Slesvig, Kragehul près Flemlöse, et Vimose près Allesö, en Fionie.

comme l'offrande aux dieux du butin de la victoire: les *ex-voto* étaient en général tordus, brisés, martelés, de façon á être mis hors d'usage[1]).

Autre part, dans les Provinces Baltiques de la Russie, on a trouvé des armes de fer analogues, tordues à dessein (glaives et pointes de lance), ainsi que des celts de fer et des pierres fuselées, mais jusqu'ici presque exclusivement en Livonie et en Courlande. Les armes ont peut-être été tordues, en vertu d'un usage religieux ayant de l'affinité avec les offrandes faites aux dieux après la victoire, offrandes qui étaient fort répandues dans l'Europe occidentale. Diverses sépultures de la Livonie et de la Courlande doivent d'ailleurs offrir des analogies avec les sépultures scandinaves de l'ancien âge de fer[2]). Ces rapports semblent être encore plus évidents en Finlande; les tumulus de pierre situées sur les côtes occidentales et une partie du littoral méridional de ce duché contiennent en effet des antiquités qui rappellent d'une manière frappante les objets suédois de l'ancien âge de fer déposés près des cadavres incinérés, mais parfois aussi à côté de cadavres inhumés d'une date probablement plus récente[3]). Cette même tran-

---

1) Il y a quelques années, cherchant l'explication des dépôts faits dans les marais du Danemark, je supposai que c'étaient des indices de coutumes religieuses et j'émis la conjecture que de semblables découvertes seraient faites partout en Europe. Cette hypothèse a été remarquablement confirmée par les trouvailles de Dobelsberg. Voy. mon mémoire *Sur la signification des grandes trouvailles de l'âge de fer dans les marais du Danemark* (*Oversigt over det kgl. danske Vid. Selsk. Forhandlinger*. 1867); le texte danois et le résumé en français ont aussi été tirés à part.

2) D'après Kruse, Bähr et Grewingk.

3) *Prospekt öfver Finska Fornminnesföreningens ändamål och verksamhet*. Helsingfors. 1871. p. 16. — Une épée et une fibule de l'ancien âge de fer en Finlande sont représentées dans le mémoire d'Aspelin (*Suomi*, 1871, fig. 42, 46).

sition de l'incinération à l'inhumation dans l'ancien âge de fer a été récemment observée bien des fois en Danemark et en Norvège.

Ainsi le littoral de la Finlande, dans ses parties les plus rapprochées de la Suède, offre les plus grandes analogies avec le Nord scandinave, relativement aux antiquités de l'ancien âge de fer. Mais c'est une question de savoir si cette ressemblance n'est pas due, comme dans les âges de pierre et de bronze, à puissantes influences exercées par les pays scandinaves et peut être aussi par le nord de l'Allemagne actuelle. On pourrait aussi supposer que ces analogies datent d'un temps où les peuples gothiques habitaient ces pays, avant d'aller s'établir, comme quelques-uns l'admettent, dans la Suède septentrionale, et avant l'arrivée des Liwes, des Lettes et des Kures sur les rives orientales de la Baltique. Mais, dans ce cas, les analogies intrinsèques auraient certainement une toute autre étendue. «Dans les Provinces Baltiques même on est arrivé à constater par des recherches comparatives que les antiquités de l'ancien âge de fer offrent des ressemblances appréciables avec quelques types scandinaves, mais que, d'un autre côté, la ressemblance est loin d'être complète; et notamment, on cherche vainement dans les Provinces Baltiques et encore d'avantage, vers l'est et le sud-est, dans la Russie septentrionale et centrale, l'ornementation non romaine, mais barbarisée ou proprement barbare, qui donne précisement à l'ancien âge de fer, en Scandinavie, son caractère particulier.

D'après les observations faites jusqu'à ce jour, il est cependant clair que la civilisation de l'ancien âge de fer, dans le Nord scandinave, ne peut s'être particulièrement développée ou avoir pris naissance dans aucune partie de la Russie, mais que son origine et sa transplantation au Nord doivent être cherchées dans une toute autre direction.

[2]) Grewingk, *loc, cit.* p. 227.

Déjà pour l'âge de bronze, nous l'avons vu, aucun des objets trouvés en Russie n'autorise à supposer qu'un peuple parti de la Mer Noire ou de la Mer d'Azow ait traversé l'intérieur de la Russie pour gagner le Nord Scandinave; de même, aucun des restes de l'ancien âge de fer trouvés dans la Russie propre ne confirme ou même n'indique qu'une telle migration ait eu lieu à cette époque. La Russie exerce pourtant alors une remarquable influence sur le développement du nouvel ordre de choses au Nord et dans une grande partie du reste de l'Europe. C'est un fait que les résultats acquis en Russie pour l'âge de fer, bien qu'ils soient négatifs, comme pour l'âge de bronze, contribuent précisément à mettre en lumière.

On a montré plus haut que les courants et les migrations, qui apportèrent les civilisations des âges de pierre et de bronze dans le reste de l'Europe, ne pouvaient être considérés comme originaires ou venus d'Asie par l'intérieur de la Russie, mais que d'abord, dans l'âge de pierre, ils se sont dirigés du sud à l'ouest et au nord, en longeant les côtes, et que plus tard, dans l'âge de bronze, partis du sud et du sud-est, ils ont pénétré par terre dans le sud-ouest, l'ouest et le centre de l'Europe, se répandant de là plus loin vers le nord. On a également démontré que la décadence de la civilisation la plus ancienne et la plus pure de l'âge de bronze, dans le nord et l'ouest de l'Europe, était causée par d'anciens changements de civilisation, encore préclassiques, qui avaient eu lieu dans l'Europe centrale et qui à leur tour avaient pris naissance plus loin au Sud. Pourtant à mesure que la civilisation classique postérieure (grecque et romaine) commença à influer sur le centre et le sud-ouest de l'Europe, la connaissance et l'usage du fer devaient se répandre de plus en plus dans ces contrées. Les divers peuples les plus voisins des Grecs et des Romains subissaient continuellement l'influence de nombreux modèles classiques, armes, bijoux, monnaies et autres objets importés. Mais encore plus promptement qu'au commencement de l'âge de bronze, où ils étaient beaucoup moins avancés, ils se mirent à transformer les modèles étrangers et, dans certaines contrées métallifères, ils acquirent une telle habileté dans le travail du fer que les épées barbares du Norique (Basse-Autriche et Hongrie) et de l'Espagne, étaient renommées jusqu'à Rome. Les antiquités datant des siécles les plus rapprochés du commencement de notre ère et trouvées en terre dans l'Europe centrale, confirment d'une manière remarquable ce que l'histoire indique: à savoir que, dans cette région, il s'était de nouveau formé, dans l'âge de fer, comme dans l'âge de bronze, un foyer de civilisation dont l'origine mixte était attestée par son caractère demi-classique et demi-barbare. Complètement développée grâce aux relations de plus en plus fréquentes avec les pays classiques du sud, elle commença à se substituer peu à peu aux derniers restes de l'âge de bronze dans l'Europe occidentale et septentrionale; à cet égard, elle finit par avoir de puissants auxiliaires tout à la fois dans l'établissement des Romains en Germanie, en Gaule, en Bretagne, et dans l'extension de leur commerce. C'est par ces relations que des médailles et de nombreux objets romains: statues de bronze, vases, oeuvres d'art, furent portés aux peuples voisins de l'Empire, qui à leur tour en transmirent une partie au Nord et au Nord-est, dans les Provinces Baltiques, jusqu'aux confins de la Russie. De nombreuses trouvailles de cette grande époque de transition, faites partout au nord de l'Europe, attestent que cette civilisation étrangère, qui apporta au Nord les plus anciennes runes avec de nouveaux métaux (l'argent, le bronze allié de zinc) et le verre, doit avoir complètement supplanté la civilisation de l'âge de bronze[1]), en Danemark, dès le

[1]) Vedel. *Bornholmske Brandpletter* et *Den ældre Jernalders Begravelser paa Bornholm*, dans *Aarbøger* de la Societé des

troisième siècle avant notre ère, et peut-être plus tôt, dans le premier et le second. Il est possible qu'elle ait tardé d'avantage à se répandre dans toute la Norvège[1]) et la Suède centrale et boréale, où la colonisation prit une extension extraordinaire. Particulièrement forts étaient les courants de civilisation, établis sans doute dès l'âge de bronze et qui, partis du nord de l'Allemagne, passèrent par Bornholm et les autres îles Danoises, ainsi que par Œland et Gotland, près des côtes Suédoises. Ces deux dernières îles, mais surtout Gotland, devaient certainement à leur heureuse situation et à d'autres circonstances naturelles le développement d'une civilisation très-remarquable et en partie originale, et des relations commerciales qui furent de la plus haute importance pour la partie continentale de la Suède, la Finlande et la Russie. Il est d'ailleurs très-naturel, comme on l'a indiqué plus haut, que l'influence exercée par la Suède sur la Finlande et la Russie septentrionale soit allée en croissant dans le cours des siécles, et il est vraisemblable qu'elle sera confirmée ultérieurement par de nouvelles trouvailles de l'âge de fer en Finlande et dans les provinces Russes contiguës.

On a supposé que les grandes migrations, qui commencaient déjà à ébranler les pays méridionaux, peuvent avoir puissamment contribué aux progrès rapides de la nouvelle civilisation et à son triomphe définitif dans les pays septentrionaux. Mais on admet plus généralement que le passage, prétendu sans transition, de l'âge de bronze à l'âge

---

Ant. du Nord, 1870 et 1872; resumé en français par E. Beauvois, dans les *Mémoires* de la même Soc.; — Engelhardt, *Trouvailles dans les marais;* — Worsaae, *Nordiske Oldsager*, âge de fer, I.

1) O. Rygh, *La première période de l'âge de fer en Norvège*, texte danois dans *Aarbøger* de la Soc. des Ant. du nord, trad. française par E. Beauvois, dans *Mém.* de la même Soc. 1869, p. 196—226.

de fer dans les pays septentrionaux, ne pouvait avoir été que le résultat d'une immigration, et l'on a alors voulu mettre celle-ci en connexion avec les anciennes traditions sur l'arrivée d'Odin et des Ases, venant des contrées de la Russie situées près de la Mer Noire. Quelques-uns ont bien prétendu que ce nouveau peuple aurait traversé la Baltique; d'autres au contraire qu'il aurait suivi une direction plus orientale en passant par l'intérieur de la Russie, les Provinces Baltiques, ou plutôt par la Finlande et les îles du golfe Bothnique.

Mais alors même qu'un peuple nouveau aurait immigré dans les pays septentrionaux au commencement de l'âge de fer, la comparaison entre les antiquités de la Russie, de l'Europe centrale et du Nord, fait ressortir avec évidence que ce peuple ne peut être venu de l'est en passant par la Russie, où les circonstances naturelles, aussi bien dans les provinces septentrionales qu'en Finlande, rendaient alors impossible la marche d'un peuple nombreux. Les antiquaires étaient autrefois trop portés à expliquer chaque grande révolution sociale par l'arrivée d'un nouveau peuple; de même que les géologues attribuaient trop souvent à des déluges la formation des différentes couches du sol. Mais l'histoire positive fournit assez d'exemples de modifications qui, indépendamment de toute migration, se sont produites dans l'état de la civilisation et les rites funéraires. Quelques petites colonies ont eu souvent autant d'influence à cet égard que l'arrivée de nations entières.

Aussi malgré les apparences intrinsèques que l'on fait valoir, n'est-il même pas certain que la civilisation de l'âge de pierre ait été, partout en Europe, détruite par l'immigration de peuples faisant usage du bronze. Les populations primitives étaient déjà si étendues et si avancées, vers la fin de l'âge de pierre, que, dans beaucoup de contrées où elles étaient continuellement soumises à des influences étrangères et en contact perpétuel avec de petites bandes de colons, elles purent bien recevoir une civilisation étrangère et ne pas être anéanties. Tout en admettant que la nouvelle civilisation ait été introduite par des émigrants dans certaines contrées de l'Europe centrale et méridionale, il ne s'ensuivrait pourtant pas que de semblables migrations aient eu lieu à l'Ouest et au Nord. Plusieurs peuples historiques, comme les Chaldéens, les Egyptiens, les Grecs, les Italiens, les Celtes etc., ont certainement fini par passer peu à peu de l'âge de bronze à l'âge de fer, et il n'y a rien d'impossible à ce que le même fait se soit reproduit au nord et au nord-est de l'Europe. Mais ici, cette transition a été accompagnée de phénomènes archéologiques et historiques quil ne faut pas passer sous silence.

On doit faire remarquer d'abord que la transition du bronze au fer, dans l'Europe septentrionale, n'a pas été aussi brusque qu'on l'admettait autrefois: on supposait en effet que les rites funéraires avaient subi un changement soudain et radical. Mais, après la division de l'âge de bronze et de l'âge de fer en deux périodes, on constata que la crémation des cadavres, en usage à la fin de l'âge de bronze doit s'être longtemps parpétuée pendant le premier âge de fer, au nord de l'Allemagne, en Danemark, et plus longtemps encore en Norvège et en Suède. Conjointement avec cet usage, on en trouve un autre commun au dernier âge de bronze et au premier âge de fer: celui de tordre on de briser les armes, les bijoux et d'autres objets, soit pour les placer dans les sépultures, soit pour les déposer, comme offrandes aux dieux, dans les lacs, les tourbières ou sous de grosses pierres, dans les champs. Il s'introduisit au contraire, en Danemark, surtout en Sélande et en Fionie, vers la fin de l'ancien âge de fer, paraît-il, au IVe, Ve siècle de notre ère, de nouveaux rites funéraires; l'inhumation des cadavres, non incinérés, dans de longs caveaux faits de dalles, ou bien dans de grands polyandres, où l'on retrouve peu ou point l'usage de tordre ou de briser les présents funéraires (usage qui, plus loin vers le Nord, en Norvège, se perpétua pendant tout l'âge de fer), et où l'on reconnaît clairement une influence romaine très-puissante. Ce mode d'inhumer les cadavres, sous le niveau du sol, dans de grands cimetières, avec des vases de bronze, des gobelets d'argent et de verre, de belles fibules et autres parures etc., en un mot avec de beaux objets romains ou demi-romains, dont quelques-uns portent des inscriptions en lettres romaines ou en caractères runiques de l'espèce la plus ancienne, — ce mode d'inhumation n'a pas encore été reconnu au nord de l'ancienne province danoise de Scanie, ni dans la Suède proprement dite, ni dans la Norvège centrale et méridionale. Les sépultures de ce dernier pays renferment des antiquités analogues, bien qu'en moins grand nombre, mais volontiers placées au-dessus du niveau du sol. Les mêmes rites étaient en usage dans le Meklenbourg et plus loin au sud et à l'ouest, dans les pays Rhénans, en Bavière, en Suisse, en France, en Belgique et en Angleterre. Dans ces contrées, il apparaît non seulement un peu plus tôt, mais il se perpétue, avec ses principaux caractères, après la chute de l'Empire romain, notamment chez les Alamans et d'autres peuples germaniques de l'Allemagne, chez les Francs dans l'ancienne Gaule, et en partie chez les Anglo-Saxons dans la Grande-Bretagne. Une sorte de continuation de ces rites funéraires peut être signalée en Danemark, à la même époque, c'est-à-dire pendant le moyen âge de fer, bien que plus souvent dans des sépultures isolées.

A peu près contemporains de ces grands polyandres danois (environ 300 à 500 de notre ère) sont les remarquables dépôts dans les marais, que l'on trouve disséminés dans la péninsule jutlandaise et les îles danoises, depuis Slesvig jusqu'à Bornholm, et qui rappellent des combats nombreux et acharnés, à la suite desquels des armes et d'autres objets, en partie tordus, brisés et déformés à coup de marteau, ont été déposés avec soin dans les tourbières, comme offrandes aux dieux pour les remercier de la victoire. Ces trouvailles qui renferment des médailles romaines, dont la plus récente date de l'an 218 de notre ère, et des inscriptions, partie en lettres romaines, partie en anciens caractères runiques, ces trouvailles ne se sont pas étendues à la Norvége ni à la Suède, et sont ainsi confinées dans les limites de l'ancien Danemark.

A quoi il faut ajouter la circonstance particulière que, précisément à l'époque des dépôts dans les tourbières et des polyandres, il se produisit évidemment une brusque interruption dans les relations du Sud avec le Nord. Les trouvailles de médailles prouvent en effet que, jusque vers le milieu du IIIe siècle, ou en tout cas jusque vers l'an 300 de notre ère, des medailles des empereurs, en nombre très-considérable, les plus récentes des années 220 à 230, devaient s'être répandues, souvent avec des antiquités romaines, dans toute l'Europe centrale et septentrionale, non seulement dans les pays occupés par les Romains, mais plus au nord, jusqu'en Danemark (non en Norvège pourtant), et à l'est jusqu'à l'embouchure de la Vistule, dans les Provinces Baltiques de la Russie, et en grande quantité également dans les iles d'Œland et de Gotland. En Suède et en Danemark, on en trouve parfois des centaines et des milliers ensemble. Il y en a dans les grands dépôts des tourbières, mais rarement dans les sépultures, et alors on les rencontre aussi bien avec des cadavres inhumés qu'avec des restes cinéraires[1]). En Samland, à l'embouchure de la Vistule, où semble s'être produit de bonne heure un mouvement commerciel extrêmement animé, on a récemment

[1]) Pour le Meklenbourg, voy. *Frederico-Franciseum*, p. 102; — Pour le Danemark, mon mémoire sur le commencement de l'âge de fer, p. 12; et. au Musée des Antiquités septentrionales, les trouvailles de Bennebo, n° 16. 385.

découvert des polyandres entiers avec des ossements incinérés, renfermés dans des urnes, avec les anciennes médailles impériales susmentionnées et des bijoux romains ou demi-romains[1]).

Mais, au milieu ou à la fin du IIIe siècle environ, l'abondante affluence de médailles romaines dans les pays septentrionaux paraît cesser tout à coup. Pendant un siècle entier (de 250 à 350 environ), on ne rencontre pour ainsi dire point de médailles romaines dans l'Europe septentrionale, et celles que l'on trouve en petit nombre, de la centurie suivante (350 à 450) jusqu'à la chute de l'Empire d'occident, doivent d'ailleurs avoir été plutôt apportées par une voie différente de l'ancienne, c'est-à-dire par le sud-ouest et l'ouest, des pays Rhénans, de la Gaule et de la Bretagne, et non plus du sud, à travers l'Europe centrale. A l'inverse de ce qui a lieu pour les anciennes médailles qui, dans le Nord, se rencontrent plus fréquemment en Suède, surtout dans les îles d'Œland et de Gotland, — les monnaies récentes sont, pour le moment du moins, plus fréquentes en Danemark qu'en Suède. Ce dernier pays en effet était, à tout prendre, plus éloigné des pays occidentaux avec lesquels le Nord était en relations. Plus loin vers le nord-ouest et le sud de l'Europe, par exemple en Belgique, en Bohème, en Hongrie, etc., on a constaté que les trouvailles de monnaies romaines présentaient une lacune pour la même époque. Ce fait mérite certainement une mention particulière, attendu que, considéré en connexion avec les dépôts dans les tourbières et les polyandres danois, et avec la première colonisation proprement dite de la Norvège et de la Suède méridionale qui eut lieu alors, il fournit un indice ultérieur de grandes migrations qui, dans le IIIe, IVe siècle, ont non seulement interrompu les anciennes re-

[1]) Sur un cimetière des temps romains dans la Prusse orientale, dans *Zeitschrift für Ethnologie*, III, séances, p. 4—13.

lations entre le Sud et le Nord, mais qui certainement ont aussi exercé une influence importante sur la marche de la colonisation dans l'Europe septentrionale, depuis le bassin de la Vistule, à l'est, jusqu'au littoral de la Manche, à l'ouest.

Pour mieux éclairer les conclusions archéologiques exposées plus haut, il faut relever le fait historique suivant: parmi les nombreux peuples qui se déplacèrent en Europe au temps des grandes migrations, les populations de la Russie tinrent une place importante; quelques siècles après la naissance du Christ, elles commencèrent à se répandre sur une grande étendue de l'Europe centrale, comme sur toute la partie orientale du plateau nordeuropéen, jusqu'à l'Elbe et aux rives méridionales de la Baltique. Comme les Slaves ne peuvent avoir occupé ces vastes contrées avant le IVe ou le Ve siécle de notre ère, c'est-à-dire à une époque où la civilisation de l'âge de bronze avait déjà été totalement supplantée par celle du premier âge de fer, il est clair (et les savants Slaves l'admettent en partie) que les monuments de l'âge de bronze[1]), et ceux du plus ancien âge de fer[2]), répandus dans l'Europe centrale et septentrionale n'appartiennent généralement pas aux Slaves, mais aux populations primitives qui, à l'arrivée des Slaves, ont dû chercher d'autres demeures, à moins qu'ils n'aient été totalement asservis au anéantis, ce qui n'est guère

---

1) Wocel. *Die Bedeutung der Stein- und Bronze-Alterthümer für die Urgeschichte der Slawen*, Prague, 1869, p. 20. «Elle paraît donc bien fondée, dit-il, la conclusion à laquelle nous sommes arrivés par l'étude des antiquités et d'après laquelle les Slaves primitifs ne s'étaient pas encore établis dans leurs demeures actuelles.»

2) Les polyandres du Nord de l'Allemagne que Lisch appelle *cimetières des Vendes* (Wendenkirchhöfe), sont, comme on l'a constaté après la découverte de l'ancien âge de fer en Danemark, des sépultures du commencement de la même époque, qui datent certainement d'avant l'immigration des Vendes.

probable. Ce refoulement n'a pourtant dû s'accomplir que successivement, peut-être a-t-il été l'œuvre de plusieurs générations.

Lorsque l'on se rappelle que, sur toute l'étendue du plateau nord-européen, les monuments de l'âge de bronze ont une si grande ressemblance avec ceux de la Scandinavie, qu'ils forment ensemble un groupe particulier en Europe; lorsque l'on reconnaît en outre que les monuments du premier âge de fer qui en sont la continuation immédiate, offrent des analogies non moins frappantes dans les pays situés au sud et au nord de la Baltique; et que l'on rapproche de ces faits les notions historiques fournies par Tacite et plusieurs auteurs anciens, sur les peuples gothiques du bassin de la Baltique, dès le commencement de notre ère, certainement vers la fin de l'âge de bronze et les débuts de l'âge de fer, en tout cas longtemps avant l'arrivée des Slaves, — on est porté à admettre que les groupes nord-européens de l'âge de bronze et du plus ancien âge de fer appartiennent à un peuple gothique divisé en plusieurs familles qui, de temps immémorial et jusqu'à l'arrivée des Slaves, ont habité sur les deux rives de la Baltique et même passablement loin vers le sud, mais qui ne se sont pas avancées assez au nord pour coloniser toute la Norvège et les contrées centrale et septentrionale de la Suède. C'est seulement à l'arrivée des Slaves que les Goths établis au sud, ou peut-être plutôt à l'est de la Baltique et sur toute la surface du plateau nord-européen, ont été troublés dans leur ancienne possession et dispersés de divers côtés. Quelques tribus ont pu être refoulées vers le sud, par la forte pression de la Russie; d'autres peuvent s'être portés dans une direction plus orientale et avoir ainsi contribué au mouvement des Angles, des Saxons et des Francs, vers la Grande-Bretagne et la Gaule. Mais le gros de la race semble s'être dirigé vers le nord et avoir traversé la Baltique pour gagner la Suède méridionale et orientale, les îles Danoises, la péninsule Jutlandaise et se joindre à leurs congénères déjà établis dans les contrées orientale et méridionale de la Scandinavie. A en juger par les remarquables trouvailles faites dans les tourbières du Danemark et les grands polyandres, qui attestent tout à la fois de rudes combats livrés dans un pays déjà fort peuplé et de nouveaux rites funéraires, le plus grand accroissement de la population a eu lieu dans les terres basses du Danemark, que leur fertilité rendait plus attrayantes et qui étaient aussi mieux exposées au contact des émigrants. Cette arrivée de tribus congénères ne semble généralement pas avoir modifié sensiblement la civilisation des anciennes populations de la Scandinavie qui, en Danemark et en Suède, étaient déjà sorties de l'âge de bronze et entrées dans l'âge de fer. Mais, comme les Goths du plateau nord-européen et particulièrement ceux de la frontière méridionale, avaient été beaucoup plus rapprochés du foyer et du centre de la civilisation de l'ancien âge de fer, dans l'Europe centrale et méridionale, et qu'ils avaient ainsi pu recevoir et s'assimiler les éléments étrangers, plus tôt et plus intimement que ne l'avaient fait les Goths établis au nord de la Baltique, il est très-naturel que l'accroissement de la population ait donné à la civilisation de l'âge de fer en Scandinavie, surtout dans la partie la plus méridionale, dans le pays des polyandres, un fondement plus solide, partie par l'introduction de belles urnes plus nombreuses, de précieux bijoux et d'autres objets auparavant plus rares, partie par une extension plus générale de nouveaux rites funéraires, d'arts et de connaissances nouvelles: l'écriture runique par exemple, dont la première origine doit évidemment être cherchée chez les Goths qui étaient assez près du Sud pour être continuellement influencés par les Grecs, les Etrusques et les Romains. Aux débuts de la civilisation de l'âge de fer, en tout cas, le nord de l'Allemagne et les pays Scandinaves, ont, comme au commencement de l'âge de bronze, subi l'influence de l'Europe centrale et méridionale; et cela, à la différence des îles Britanniques, qui continuèrent de même à recevoir les nouveaux courants de civilisation par la voie du sud-ouest et de l'ouest, par la Gaule et la Belgique. Ces différences devaient produire pendant l'âge de fer, comme pendant l'âge de bronze, de notables différences entre la civilisation du Nord et celle de l'Ouest. C'est seulement lors de la conquête de la Bretagne par les Anglo-Saxons et de l'établissement des Francs en Gaule, dans la période suivante de l'âge de fer, que de plus grandes analogies deviennent évidentes, ce qui était une conséquence naturelle des changements de direction dans les courants de la civilisation. Cependant ce courant qui se dirigeait vers le nord dériva facilement et favorablement vers la Suède et la Norvège septentrionales; ces dernières contrées, entièrement désertes auparavant, reçurent alors, selon le témoignage irrécusable des antiquités, leur première population proprement dite, laquelle pourtant n'est pas arrivée directement du nord de l'Allemagne, mais plutôt du Bohuslehn, du Halland, de la Scanie, des îles Danoises et de la péninsule Jutlandaise; le tout comme conséquence de la pression venant du sud.

Ainsi, l'on peut admettre avec raison que les Goths immigrés chez leurs congénères du Nord, vers la fin de l'ancien âge de fer, se sont principalement établis, avec leurs rites funéraires en partie nouveaux et leur civilisation un peu plus développée, dans la partie méridionale des anciens pays Danois, tandis que des fractions de l'ancienne population de cette contrée furent refoulées plus loin vers le nord, dans la Suède intérieure et surtout dans la Norvège. On s'explique donc par là que les anciens rites funéraires de la crémation et l'ancienne civilisation aient pu se maintenir plus longtemps et se développer d'avantage en Norvège et en Suède qu'en Danemark, ce dernier pays étant en relations plus fréquentes avec le reste de l'Europe.

Dès cette époque, on remarque déjà, entre les monuments Danois de l'âge de fer, et ceux de la Suède et de la Norvège, des différences qui peuvent être suivies jusque dans la dernière période de l'âge de fer. On pourrait donc se demander si les bautasténes (pierres debout), les tertres remarquablement bas, les assemblages de pierres dressées en forme de cercles, de triangles, de tétragones, de navires, etc., qui sont extraordinairement rares dans les pays Danois, à l'exception de l'île écartée de Bornholm, mais qui sont extrêmement nombreux en Suède et en Norvège, — si toutes ces particularités ne sont pas dues précisément à un développement ultérieur de la civilisation du plus ancien âge de fer, qui précéda l'arrivée des Goths méridionaux et qui dura moins longtemps en Danemark qu'en Suède et en Norvège. La situation méridionale du Danemark, l'asservissement de sa population et les progrès qui s'ensuivirent à la fin du premier âge de fer, ont sans doute fait que la période suivante, la première division du récent âge de fer, connue sous le nom de moyen âge de fer, s'est non seulement établie plus tôt en Danemark qu'en Suède et en Norvége, mais y a pris aussi un tout autre caractère.

Certaines théories, souvent émises et principalement en Norvège, mais peu à peu abandonnées par les savants de ce pays, supposaient que, quelques siécles avant notre ère, les peuples Scandinaves, passant par la Russie et la Finlande, avaient émigré en Suède, puis en Norvège, et de là s'étaient étendus vers le sud jusqu'en Danemark; mais jusqu'ici, on n'a pu signaler dans aucun de ces trois pays une seule trouvaille de l'âge de fer antérieure à notre ère. En complète opposition avec cette thèse, la colonisation définitive des pays septentrionaux dans l'ancien âge de fer, après la naissance du Christ, semble être tout simplement la dernière phase de migrations continues du sud-est et du sud au nord, d'abord en Danemark et en Suède, plus tard en Norvège. La Russie ne prit aucune part à ces mouvements, si ce n'est que les peuples Slaves sortis de son territoire, vinrent exercer une forte pression sur les Goths, déterminèrent ainsi leur dernière migration du sud au nord de la Baltique et comme conséquence, leur extension progressive vers le nord. Dans la période suivante, comme nous allons le voir, il ne peut pas non plus être question de peuples Scandinaves qui auraient émigré de la Russie vers les pays septentrionaux.

IV.

LE DERNIER AGE DE FER.

(a. 1re division ou moyen âge de fer, de 450 à 700.)

Aussi longtemps que dura la prospérité des Grecs, des Etrusques et des Romains, et que le principal foyer de la civilisation universelle se maintint exclusivement au Midi, la civilisation continua à conserver une empreinte généralement uniforme chez les peuples barbares du Nord et de l'Ouest, à l'exception pourtant des habitants de la Russie septentrionale et centrale qui restaient encore en relations plus étroites avec l'Asie. Elle était portée du Sud à l'Ouest et au Nord par un courant chaud et continu. Celui-ci atteignit naturellement à des époques différentes les divers pays, où il ne s'avança pas toujours également loin et il n'eut pas toujours les mêmes conséquences. Mais en général il produisit partout des situations à peu près semblables.

Ces relations entre le Sud et le Nord, qui, comme nous l'avons vu, sont attestées par de nombreuses trouvailles d'antiquités et de médailles faites dans toute l'Europe, furent entravées par les grands mouvements des peuples de l'Europe centrale qui commencèrent dès les premiers

7*

siécles de notre ère et furent les prodromes de la chûte de l'immense empire d'Occident. Lorsque cette catastrophe se produisit vers le milieu du Ve siècle, la population de l'Europe centrale et septentrionale avait pris une nouvelle physionomie. De nombreux peuples slaves qui, jusque là n'avaient été que peu ou point accessibles à la nouvelle civilisation européenne, venaient de sortir de la Russie pour s'enfoncer, comme un immense coin entre le sud et le nord de l'Europe. Les Goths septentrionaux avaient pénétré en Scandinavie, les Angles et les Saxons avaient conquis l'Angleterre, les Francs s'étaient établis dans la Gaule et d'autres peuples germaniques avaient pris la place des émigrants dans le bassin du Rhin et une partie de celui de l'Elbe. A quoi il faut ajouter que le foyer de la civilisation universelle fut transporté de l'Italie dans les contrées transalpines, autrefois méprisées comme barbares, dans l'Allemagne méridionale, la France et l'Angleterre: Seul au sud-est, l'empire d'Orient, avec Constantinople, sa capitale, continua, bien que sous une forme nouvelle, à exercer une certaine influence sur les peuples voisins ou éloignés.

C'est sans doute à ces changements de population et de civilisation, au Ve siècle, qu'il faut attribuer les notables différences que l'on remarque, pour les antiquités contemporaines, entre l'Orient et l'Occident. Les Germains, les Francs et les Anglo-Saxons, qui fondèrent une nouvelle civilisation européenne sur les ruines de l'Empire romain, propagèrent pendant la première période du dernier âge de fer, appelée moyen-âge de fer, un style barbare particulier qui se montre dans les cimetières, si caractéristiques et si semblables entre eux, de l'Allemagne méridionale, des contrées rhénanes, de la France et de l'Angleterre, et qui se retrouve aussi, bien qu'avec des nuances, dans les antiquités contemporaines des pays Scandinaves; et même avec certaines différences, quant aux rites funéraires et à la forme des objets, dans les propres limites des pays Scandinaves. A cet égard, le Danemark, à en juger d'aprés les découvertes faites jusqu'à ce jour, offre plus d'analogies avec l'Europe occidentale et méridionale, et ce style s'y développe plus tòt et avec plus de netteté qu'en Suède et en Norvège. Aussi dans ces deux derniers pays, a-t-on cru devoir, malgré le changement apporté dans la marche de la civilisation européenne par la chute de l'empire d'occident, confondre l'ancien âge de fer avec la première periode du dernier âge de fer ou moyen âge de fer, sous la dénomination commune d'ancien âge de fer.

La nouvelle civilisation européenne du moyen âge de fer déploie partout une richesse et un luxe remarquables, dùs sans doute pour une bonne part aux grands trésors dont les peuples germaniques se rendirent maîtres lors de la conquête de l'Empire romain. Les sépultures contiennent de magnifiques armes, parfois plaquées d'or et d'argent, et ornées de verroteries polychromes ou de pierreries incrustées; de nombreux bijoux, notamment des fibules caractéristiques, d'or, d'argent, d'electrum, ou tout au moins couvertes d'une feuille de l'un de ces métaux et également ornées de verre et de pierreries. Mais nulle part peut-être il n'y a relativement une telle profusion de grands bijoux d'or massif: colliers, bracelets, anneaux, bagues, fibules et bractéates que dans le Nord scandinave et dans quelques-unes des contrées les plus voisines où ils ont peut-être été apportés de la Scandinavie. En connexion avec ces trésors qui sont incomparablement les plus précieuses trouvailles des temps payens et qui dépassent de beaucoup la valeur des restes de la période postérieure, le temps des corsaires, on trouve assez fréquemment des médailles byzantines des Ve et VIIe siècles. Celles-ci ont originairement servi de types pour la fabrication des bractéates, dont les Scandinaves transformèrent peu à peu l'empreinte, en remplaçant les sujets étrangers par des motifs empruntés à leurs légendes nationales, mythiques et heroïques, notamment au cycle poétique du célèbre Sigurd Fafnisbané[1]). C'est principalement dans les îles de Bornholm, d'Œland et de Gotland, ainsi que dans les bassins de l'Oder et de la Vistule que l'on fait des trouvailles de monnaies byzantines. Elles indiquent que les nouvelles relations établies entre le Nord et Constantinople, après la chûte de l'Empire d'Occident, ont principalement suivi les anciennes voies commerciales qui, par suite de l'irruption des Slaves et d'autres migrations dans l'Europe centrale, avaient été barrées pendant près de deux siècles ou du moins relativement peu fréquentées. Les nombreuses médailles trouvées en Russie ne fournissent pas encore d'indices suffisants d'une voie de commerce plus orientale qui aurait conduit de Constantinople aux pays septentrionaux à travers l'intérieur de la Russie[2]). Il est à remarquer que les relations commerciales entre le Nord et Byzance ne durèrent qu'un siècle et peut-être

---

1) Je n'ai adopté la subdivision du dernier âge de fer, ainsi que celle des âges de pierre et de bronze, qu'après la publication de mes *Nordiske Oldsager*. Parmi les figures contenues dans cet ouvrage, il faut attribuer à la première période du dernier âge de fer, c'est-à-dire un moyen âge de fer, les fig. 379, p. 87; 380—383, p. 88; 385—387, p. 89; 392—393, p. 90; 397—401, p. 95; 402—406, p. 96; 406—409, p. 97; 413, p. 98; 425, p. 101; 426—429, p. 102; 430—431, p. 103; 432, p. 104; 437, 442—443, p. 105; 444, p. 106; 459—460, p. 112.

Sur les *Empreintes des bractéates en or* voy. mon mémoire, texte danois dans *Aarbøger for nordisk Oldkyndighed*. 1870, p. 382—419 et pl. 14—23; trad. franç. dans *Mémoires de la Soc. Roy. des Antiquaires du Nord*, nouv. série, 1866—1871, p. 319—360, pl. XVII—XXVI.

2) Les médailles byzantines des Ve et VIe siècles manquent déjà dans les Provinces Baltiques même. Les plus anciennes qu'on y ait trouvées ne remontent qu'à la fin du IXe siècle. Voy. Grevingk. *Ueber heidnische Gräber Russisch-Litauens*, p. 186 et Bähr, *Gräber der Liven*, p. 53. 55.

même moins. A en juger par les médailles, ces rapports cessèrent vers la fin ou le milieu du VIe siècle et ne furent rétablies quelques centaines d'années plus tard. Il n'est pas invraisemblable que cette interruption fut causée par les violentes incursions des Khazares et leurs terribles dévastations dans une grande partie de l'Empire d'Orient et dans la Russie méridionale et occidentale pendant le VIIe, le VIIIe siècle.

Mais, comme ces relations entre Byzance et le Nord étaient néanmoins assez fréquentes pour apporter en Scandinavie de grands trésors et même pour donner au style du moyen âge de fer septentrional un caractère différent du style en usage dans l'ouest et le sud-ouest de l'Europe, il est remarquable que les mêmes rapports dûs peut-être précisément à l'immigration des Slaves dans l'Europe centrale et en tout cas plus immédiats entre eux et Constantinople, ne semblent pas avoir exercé d'effets correspondants dans les pays occupés par les Slaves mêmes. En général, les émigrants Slaves, venant de Russie avec une civilisation asiatique ou demi orientale, n'ont pas pu prendre part aussitôt à la marche de la civilisation qui régnait dans le reste de l'Europe chez leurs voisins du Sud, de l'Ouest et du Nord. Ils semblent s'être bornés à adopter et à transformer à leur manière celle qu'ils trouvèrent dans leurs nouvelles demeures. A la vérité, les recherches à ce sujet sont encore extrêmement incomplètes dans les pays Slaves. Mais ce n'est sans doute pas fortuitement que les sépultures et les antiquités du moyen âge de fer, spéciales au reste de l'Europe, par exemple les grandes fibules[1]) s'arrêtent précisément, à peu d'exceptions près, aux limites des peuples Slaves[2]). Tandis qu'on les trouve fréquemment en Suède, à Bornholm et dans les autres îles

---

[1]) P. ex. les fig. 427—429, p. 102 de mes *Nordiske Oldsager*.

[2]) Le Cte Vilhelm de Würtemberg. *Germanische Ueberreste aus der sogenannten merovingischen Zeit.* T. I.

danoises, dans la péninsule jutlandaise, on les cherche en vain sur le littoral situé en face, alors occupé par des peuples Slaves, notamment dans le Meklenbourg, dont les antiquités précisément ont été étudiées à fond dans toute l'étendue du pays. Les bractéates isolées, complétement analogues à celles du Nord scandinave auquel elles sont d'ailleurs spéciales, que l'on découvre çà et là en Allemagne, ne doivent pas infirmer notre théorie: elles peuvent avoir été apportées du Nord par le commerce et les établissements commerciaux des Scandinaves, ou bien avoir été frappées dans les pays qui avaient récemment envoyé une partie de leur population dans les pays scandinaves et qui avaient pu conserver pendant un certain temps des restes de l'ancienne population dont le développement suivit plutôt celui des Septentrionaux leurs congénères que des Slaves étrangers.

Il est aussi extrêmement remarquable que ces bractéates, de même que tous les autres indices caractéristiques du moyen âge de fer septentrional et germanique viennent à manquer totalement sur les limites de la Russie[1]). Il n'est pas impossible que l'on arrive à prouver que la Suède et surtout Gotland, île où l'age de fer se développe même avec des formes particulières, ont exercé une notable in-

1) Grevingk qui, dans l'ouvrage cité, montre la différence entre l'âge de fer de la Scandinavie et celui des côtes orientales de la Baltique, (p. 227) remarque ainsi: «Le second âge de fer danois, si pauvre en armes (450—600), se rapproche de la civilisation des côtes orientales de la Baltique par la présence de grains de verroterie, par la dorure et l'argenture des objets et l'usage des médailles suspendues. Mais les entrelacs, les têtes de dragons, etc. manquent totalement à notre ornamentation ou ne s'y montrent que très-exceptionnellement». De quoi il faut rapprocher ce qu'il dit p. 187, que «dans la comparaison de nos antiquités avec celles du second âge de fer danois, on ne peut trouver nulle part identité ni analogie».

Fig. 1. Assemblage de pierres en forme de navire, du type scandinave, connu sous le nom de Wella Laiwe et situé près de Nogallen (a et b fouilles postérieures). De semblables monuments, mais doubles, se trouvent près de Lieben et de Widser également en Courlande.

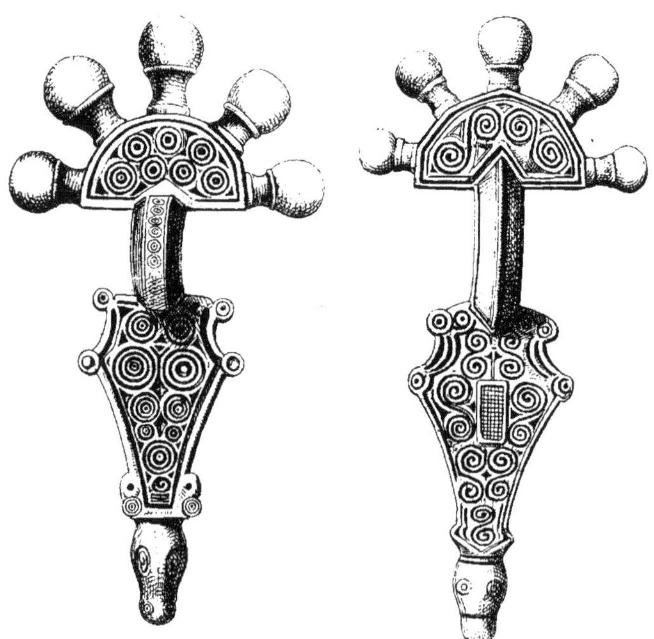

Fig. 2—3. Fibules de bronce, trouvées à Nijnia, dans le district de Soumsk, gouvernement de Kharkow, Russie méridionale.

fluence à l'est sur la Finlande et les Provinces Baltiques de la Russie, où elle s'est en tout cas manifestée relativement tard. C'est ce que démontrent ultérieurement les assemblages de pierre en forme de navires, figures particulièrement scandinaves ou suédoises, que l'on connaît sur les côtes de Courlande, près du golfe de Riga, et qui certainement doivent être attribuées à cette periode ou plutôt à sa fin[1]. Mais, d'après les trouvailles faites jusqu'ici, on serait à peine en état de signaler dans toute la Russie septentrionale et centrale un moyen âge de fer bien caractérisé, comme celui de l'Europe occidentale et de la Scandinavie; la Russie est évidemment restée tout à fait en dehors de ce courant de civilisation déterminé par des circonstances particulières à l'Europe germanique. A tout prendre, les relations entre la Russie intérieure et le Nord scandinave semblent avoir été extrêmement restreintes pendant cette période. Aussi les monuments connus jusqu'ici n'offrent-ils aucune trace certaine d'une invasion partielle de peuples scandinaves attardés qui auraient quitté ces contrées pour gagner le Nord et particulièrement la Suède, pendant le moyen âge de fer ou à sa fin[2].

Au contraire, les anciennes différences entre le sud et le nord de la Russie semblent se renouveler. On a en

---

[1]) On doit même avoir trouvé dans l'un d'eux un poignard ou couteau de bronze. Mais Grevingk (*loc. cit.* p. 150) fait remarquer combien incomplet est le rapport sur ces fouilles dans *Sitzungsberichte der kurländ. Ges. für Lit. und Kunst.* 1850—1863. Mitau 1864, p. 154—165.

[2]) On a néanmoins supposé que la transition du moyen âge de fer au récent âge de fer, en Suède et en Norvège qui pourtant, comme le démontre l'affinité du style, doit avoir eu lieu doucement et naturellement, auraient été occasionné par une nouvelle migration vers l'an 700. Mais la suite de ce mémoire montre que le style caractéristique du récent âge de fer n'a pas été importé de Russie en Scandinavie, mais au contraire de Scandinavie en Russie.

effet découvert non seulement en Crimée, mais encore plus loin vers le nord dans le gouvernement de Kharkow, sur la voie du Dniepr, si souvent mentionnée, quelques rares fibules qui rappellent à ne pas s'y tromper et même d'une manière surprenante, les bijoux caractéristiques du moyen âge de fer européen. Il n'est même pas impossible qu'ils soient dûs directement à des relations commerciales avec l'étranger. Mais rien non plus n'empêche de croire que la Crimée et d'autres parties de la Russie méridionale aient, par l'influence de la civilisation byzantine ou de ses derivés dans les contrées danubiennes et l'Europe méridionale, reçu un développement qui, en les rattachant aux progrès de l'ancienne Europe les mettait en opposition tranchée avec les contrées plus septentrionales et demi asiatiques de la Russie.

Dans ces circonstances, on peut affirmer qu'il sera d'une importance particulière, par l'archéologie comparative, d'examiner, d'après des observations plus étendues, la question du développement différent de la civilisation chez les Slaves et les autres peuples européens pendant cette période (450—700).

b. Seconde division, de l'an 700 à 1030 (le dernier âge de fer II).

De l'exposé qui précède, il ressort clairement que les courants de la civilisation commune de l'Europe, pendant les âges de pierre et de bronze, et pendant les deux premières périodes suivantes de l'âge de fer, ont atteint les pays scandinaves beaucoup plus tard que l'Europe méridionale et occidentale, et qu'ils n'ont réussi que beaucoup plus tard et plus faiblement, ou bien même pas du tout, à se répandre dans la Russie centrale et septentrionale.

C'est par d'autres voies que la civilisation s'introduisit dans ces contrées, venant en partie des bords de la mer Noire, mais plutôt encore directement de l'Asie par l'est.

Aussi, de même que la thèse soutenue plus haut, relativement à la date des débuts de l'âge de fer (dans l'un des premiers siècles de l'ère chrétienne), ne s'applique qu'aux pays septentrionaux, de même en est-il pour la date approximative (vers 700) où l'on place le commencement de la dernière période de l'âge de fer[1]. Car vers cette date, le moyen âge de fer était depuis longtemps terminé dans les contrées plus occidentales et plus méridionales de l'Europe, par suite de l'introduction du christianisme et du triomphe de la nouvelle civilisation chrétienne dans le cours des Ve, VIe et VIIe siècles. Et même, au point de vue archéologique, l'âge de fer doit-il être considéré comme terminé à l'époque où la religion et la civilisation chrétienne deviennent dominantes. Au sud et à l'ouest, il doit s'arrêter

[1] C'est dans les *Slesvigs Oldtidsminder* (Copenhague, 1865), que j'ai pour la première fois exposé la théorie d'un moyen âge de fer, et en général d'une division tripartite de cet âge dans le nord, division qu'il faut encore regarder comme préliminaire. A la vérité Thomsen avait déjà, bien antérieurement, dans le *Ledetraad til nordisk Oldkyndighed* (Copenhague, 1836), démontré que les monnaies étrangères appartenant à l'âge de fer septentrional se classent en diverses périodes: 1e les médailles romaines, depuis le commencement jusqu'à l'an 211 de l'ère chrétienne; 2e les *solidi* byzantins, surtout du Ve siècle; 3e les médailles coufiques de 700 à 1000; théorie qui fut développée d'avantage par moi dans *Danmarks Oldtid* (Copenhague, 1843, p. 52—55), et par l'archéologue suédois Br. E. Hildebrand, dans *Anteckningar ur K. Witterhets - historie - och antiquitets akademiens dagbok för år 1843* (Stockholm, 1844). Mais il est évident que des médailles étrangères, et de plus séparées par des siècles d'intervalle, ne peuvent à elles seules servir de fondement à une véritable division tripartite de l'âge de fer septentrional, d'autant plus que ces médailles ne coïncident pas entièrement avec les limites de ces divisions.

avec la première division du dernier âge de fer; tandis que, pendant la seconde division, il continua à fleurir chez les peuples plus éloignés, les Scandinaves, les Finnois et les Slaves, peuples qui ne se décidèrent à abandonner le paganisme qu'après plusieurs siècles de fermentation et de lutte.

De cette façon dans la période comprise entre 700 et 1030, il se creusa un abîme encore plus profond entre les pays chrétiens du sud et de l'ouest, et les contrées payennes du nord et de l'est. Les chrétiens et les payens présentaient généralement un contraste prononcé. Dans le développement de leur civilisation, ils n'avaient plus le même point de départ, mais suivaient des voies entièrement différentes. Il était donc tout naturel que les payens du nord et de l'est continuassent non seulement à conserver, mais encore à transformer et à développer, avec indépendance, les derniers restes de la civilisation de l'âge de fer, qui autre part avaient dû s'effacer graduellement devant les progrès du christianisme. Les peuples scandinaves, qui avaient été dans une beaucoup plus grande mesure et s'étaient en partie maintenus en relations avec le reste de l'Europe, furent en conséquence mieux à même de jouer un rôle important vers la fin du paganisme, et cela pendant le cours de trois siècles. Ce furent eux également qui, en raison de la plus grande proximité des pays chrétiens, devaient les premiers se convertir au Christianisme et qui à leur tour, de concert avec l'influence chrétienne exercée sur la Russie par Byzance et d'autres pays plus méridionaux, contribuèrent à convertir les Finnois, les Esthoniens, les Lives, et en partie les Slaves, et mirent ainsi ces peuples en relations plus suivies avec la civilisation chrétienne. Car, à cet égard, les Slaves, en émigrant de la Russie dans l'est de l'Europe centrale, n'avaient fait que nouer les premiers liens d'ailleurs bien insuffisants. La puissante influence du Christianisme pouvait seule délivrer les Slaves, surtout ceux de Russie, des chaînes qui jusqu'alors les avaient attachés à l'Asie.

Avec la fin de l'âge de fer, à la cloture du moyen âge de fer et à l'époque de l'introduction du Christianisme dans les contrées méridionales et occidentales de l'Europe, les temps préhistoriques finirent également dans ces pays. Au nord et à l'est au contraire, si l'aurore de l'histoire commença à luire dans la dernière période de l'âge de fer, ce fut seulement à la chûte du paganisme, au Xe, XIe siècle, que la clarté de l'histoire éclaira les peuples scandinaves, finnois et slaves. Ce n'est donc pas sans raison que l'on classe encore dans les temps préhistoriques la plus récente période de l'âge de fer au nord et à l'est. Lors de la prédominance du Christianisme dans ces contrées, l'archéologie préhistorique doit aussi abandonner à l'archéologie purement historique le dernier domaine à peu près qu'elle ait conservé en Europe.

La nouvelle civilisation chrétienne européenne au sud et à l'ouest de l'Europe avait au commencement assez à faire dans les pays qu'elle occupait. L'esprit du paganisme, qui remuait encore puissamment les peuples après les grands bouleversements qui avaient eu lieu, devait être assujéti aux institutions de l'église chrétienne et de l'état dont elle était le fondement. Les petits royaumes et les roitelets s'épuisaient mutuellement dans des luttes sanglantes pour permettre enfin la formation de grands états qui pussent vigoureusement propager le christianisme chez les peuples payens du nord et de l'est.

A la faveur de ces troubles dans les pays chrétiens, les peuples scandinaves purent continuer, même après le VIIIe siècle, à vivre de leur civilisation si étroitement liée à leur ancienne constitution sociale. Les nouveaux éléments de population et de civilisation qui avaient pénétré dans les pays scandinaves pendant les grandes migrations, avaient été si bien absorbés pendant le moyen âge de fer, comme c'était le cas partout en Europe, que les peuples scandinaves, à leur première apparition sur le théatre du monde, formaient déjà une nationalité particulière, bien distincte des voisines. A leur frontière méridionale, sur les rives de l'Eider, ils eurent de bonne heure à soutenir de rudes et nombreux combats contre leurs belliqueux voisins, les Saxons, particulièrement lorsque le christianisme s'approcha du nord par cette voie. Ils furent certainement en luttes fréquentes avec les peuples slaves; mais, vis-à-vis du christianisme qui les menaçait également, les payens scandinaves et slaves avaient, dans la lutte pour leur foi et leur indépendance, des intérêts communs qui parfois leur firent oublier leurs mutuelles hostilités et les portèrent à faire cause commune, du moins pour quelque temps. Sous d'autres rapports, ils avaient en outre un certain nombre de points de contact amical, qui exercèrent une influence réciproque sur la prolongation de leur développement particulier.

Dans le nord scandinave, il y avait alors partout de puissants chefs et des roitelets qui, par la guerre, l'agriculture et le commerce, accroissaient leur grande fortune héréditaire. Les expéditions militaires qui étaient l'occupation la plus honorable de l'homme libre, et les relations de plus en plus fréquentes entre des contrées séparées par la mer ou des golfes profonds, exigeaient de grands navires dont les matériaux se trouvaient en abondance dans les vastes forêts du pays. Les armes, dont il fallait se servir à la fois sur la terre et sur mer, furent perfectionnées et reçurent de nouvelles formes ou des décorations de plus en plus somptueuses. Le même style barbare septentrional, quelque peu original qui, dès le moyen âge de fer, avait commencé à s'emanciper des influences étrangères, mais qui semblait avoir incontestablement perdu en pureté et en beauté ce qu'il gagnait en indépendance, — ce même style se réfléchissait également dans les bijoux, par exemple dans les fibules cupelliformes, et d'ailleurs dans tout l'attirail du costume luxueux, auquel les anciens habitants du nord attachaient un grand prix, au tombeau comme dans la vie. Car il était d'usage d'inhumer un chef dans son navire, dans sa voiture ou avec son cheval de bataille et dans tout son équipement militaire, afin qu'après sa mort il pût faire bonne figure dans les splendeurs de la Valhalle. Sur son tombeau, on élevait assez souvent des pierres commémoratives sur lesquelles on gravait son éloge et même des vers pour le célébrer, lui et ses hauts faits. Les caractères dont on se servait pour ces inscriptions étaient les runes spécialement septentrionales qui, par suite du plus grand isolement où se trouvaient le nord et l'élément scandinave, s'étaient formées des anciennes runes plus étrangères[1]).

Mais à la fin du VIIIe siècle, l'énergie belliqueuse des septentrionaux qui jusqu'ici s'était surtout manifestée dans des luttes intestines entre les nombreuses peuplades et leurs chefs, et qui n'avaient touché qu'exceptionellement les côtes des pays voisins, ne pouvait plus être contenue dans ses anciennes limites devenues trop étroites; parfaitement préparée, elle devait désormais, par la force des circonstances se développer sur une scène plus étendue.

Le christianisme et ses institutions sociales, avec de grands états et des gouvernements monarchiques, s'approchaient de plus en plus des peuples du nord. Les chefs et les roitelets ne se voyaient plus en état de résister à la puissance croissante des monarques; ils observaient avec effroi comment le christianisme, jeune et plein de vie, menaçait le paganisme décrépit et mourant. Sous le terrible nom de *Vikings*, ils se répandirent alors en bandes de corsaires dans toutes les mers du nord et même jusqu'aux rives de l'Atlantique et de la Mediterranée. Quelques'uns cherchaient l'or et la gloire; d'autres de nouvelles demeures,

---

1) Sur la dérivation des runes de l'alphabet latin conférez le mémoire de *L. F. A. Wimmer* dans les *Aarbøger* pour 1874.

mais, dans les pays chrétiens, ils voulaient tous combattre la nouvelle religion qu'ils craignaient de voir supplanter la foi de leurs ancêtres. L'issue ne fut pourtant pas conforme à leurs dessins. Dans le nord même, les expéditions des corsaires, en entraînant au dehors les payens les plus acharnés, ne contribuèrent pas peu à préparer le triomphe définitif du christianisme. A l'ouest les Danois et les Norvégiens, par leurs grandes conquêtes, infusèrent un sang nouveau dans les veines des populations énervées et fortifièrent ainsi les institutions encore mal affermies des gouvernements chrétiens. A l'est enfin, les Suédois devaient prendre part à l'établissement du christianisme et à la fondation d'un grand état, la Russie, plus tard si puissante.

De même en effet que, lors des différents changements de civilisation dans le nord scandinave, le Danemark, en raison de sa position, a servi d'intermédiaire entre l'Europe occidentale et méridionale d'un côté, les pays septentrionaux de l'autre; de même la Suède devait à son tour être plus tard un important intermédiaire entre le nord-ouest de l'Europe et la Russie plus éloignée.

Les antiquités de la Russie ne peuvent, comme nous l'avons vu, jusqu'ici fournir aucun fondement certain à la théorie: que les peuples scandinaves, ou même une seule tribu de cette race, seraient arrivés au Nord à travers la Russie. On ne connaît qu'un exemple certain d'un mouvement de population parti de l'Asie septentrionale et arrivé au nord par l'est; c'est la migration des peuples finnois et lapons qui traversèrent la Russie septentrionale et la Finlande pour se rendre au nord de la Suède et en Norvège. Aussi bien, puisque toutes les tribus gothico-germaniques, avaient précédemment immigré au nord par le sud et le sud-est, il eût été surprenant que, plusieurs siècles après, aux débuts du dernier âge de fer (vers l'an 700), quelques branches de cette race eussent pris une voie orientale, pour gagner le nord de la Suède et la Norvège, longtemps après que les Slaves, les Lives, les Lettes, les Kures et les Finnois, se furent avancés jusqu'aux rives de la Baltique. En tout cas, il faudrait pouvoir signaler dans ces pays d'anciens restes de ce prétendu peuple scandinave et au moins les éléments de la civilisation qu'il aurait développée plus tard en Suède et en Norvège. Il serait notamment d'une importance et d'un intérêt particulier de pouvoir montrer, en Russie dès l'an 700, des traces de nouvelles runes scandinaves, lesquelles, a-t-on prétendu, ne seraient pas une transformation des anciennes, mais bien le trait caractéristique d'un nouveau peuple immigré en Scandinavie.

On sait cependant que, dans toute la Russie, il n'a pas été découvert la moindre trace des runes anciennes ou récentes. Il est également clair, qu'aucune des trouvailles des IXe et Xe siècles faites en Russie ne présente le style caractéristique du récent âge de fer scandinave, savoir: les serpents et les entrelacs que l'on trouve dès le moyen âge de fer dans toute l'Europe occidentale, où ils reposent incontestablement sur un fond classique barbarisé, et qui plus tard atteignent un développement si complet dans l'ouest, en Irlande et en Ecosse. Le contenu des nombreux tombeaux explorés dans les environs de Moscou et les résultats de fouilles faites dans d'autres monuments du plus récent âge de fer en Wolhynie, en Podolie, dans la Russie blanche, les provinces Baltiques et d'autres contrées, attestent suffisamment que le style usité dans la période la plus récente de l'âge de fer spécialement russe est d'un caractère tout autre, incomparablement plus oriental; tandis qu'un trait particulier à la Scandinavie, »l'abondance des épées et des figures de dragons qui jouent un si grand rôle dans la mythologie scandinave«, ne s'accorde aucunement avec les circonstances observées dans les Provinces Baltiques de la Russie[1]), ou dans le reste de cet empire. C'est un fait

[1]) Grewingk, p. 227.

caractéristique à cet égard que, dans les grands polyandres des environs de Moscou, où des milliers d'objets spécialement russes ont été exhumés des sépultures ordinaires, on n'ait trouvé que dans les tombeaux plus rares des chefs, des épées et des fibules analogues à celles de la Scandinavie[1]). Mais tout ce qui ressemblait aux types du nord, ainsi que les épées, les hâches, les pointes de lances, les fibules cupelliformes du même type, découvertes dans les Provinces Baltiques ou en Russie, portait certainement l'empreinte de la dernière époque (IXe, X^e^ et XIe siècles) du récent âge de fer septentrional, et n'ont été évidemment importées en Russie qu'après que le style du plus récent âge de fer eut été totalement développé dans le Nord même. Aussi présentent-ils de complètes analogies avec les armes et les parures scandinaves trouvées en Ecosse, en Irlande, en Angleterre et en France, qui datent de l'époque (IXe au XIe siècle) où les corsaires norvégiens et danois ravagèrent ces pays ou s'y établirent. On a même trouvé dans les Provinces Baltiques des fibules cupelliformes, d'un type postérieur, caractéristique surtout pour l'île de Gotland[2]), nouvel indice d'un courant alors parti de la Scandinavie, lequel a trouvé le courant russe oriental dans les Provinces Baltiques et s'y est mélangé avec lui dans une proportion considérable[3]).

A quoi il faut ajouter que, dans les Provinces Baltiques, sans parler de la Finlande, on a trouvé des tombeaux positivement scandinaves de la même periode tardive. Alors même que l'on ne classerait pas dans cette catégorie les assemblages de pierres en forme de navire, qui sont peut-être un peu plus anciens et dont on signale la présence

---

1) Communication du comte Ouwaroff. Quelques-unes de ses antiquités étaient exposées au congrès de Moscou.

2) Kruse, Necrolivonica, pl. XIV, fig. 9; Bähr, Gräber der Liven, pl. VIII, fig. 1.

3) Cfr. les fig. de ces objets dans Kruse et Bähr.

Fig. 1. Épée en fer de la collection de l'Ermitage à St. Pétersbourg, trouvée dans le gouvernement d'Orel. La garde et le pommeau incrustés d'argent; les animaux figurés sur le pommeau ont des yeux d'or

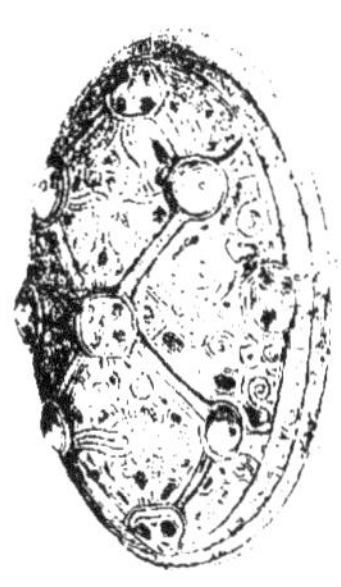

Fig. 3. De l'île de St. Kilda (Écosse).

Fig. 2. Des environs de Moscou.

Fig. 4. De Pitres, en Normandie.

en Courlande (p. 177) comme en Scandinavie, il reste assez de sépultures renfermant à coup sûr les cendres de colons scandinaves, dont les descendants se sont perpétués en Esthonie et dans les îles voisines, Nargö, Rogö, Odinsholm, Nuckö, Worms, Dagö et Runö, où l'on rencontre encore aujourdhui des noms de lieux et des vestiges de la langue, du costume, et des mæurs scandinaves[1]).

L'hypothèse d'une émigration tardive de Russie en Scandinavie est contredite aussi bien par les antiquités et les vieilles tradition que par l'histoire positive. C'est au contraire du Nord et particulièrement de la Suède qu'est parti le flot de population qui, dans la période finale du paganisme, s'est répandu sur les côtes de la Finlande et des Provinces Baltiques, et que, au temps des migrations et des expéditions des corsaires dans l'ouest de l'Europe, de fortes bandes de Scandinaves se sont frayé passage à l'est et au sud-est jusque dans l'intérieur de la Russie.

Il est impossible que des relations commerciales n'aient pas préparé ou en tout cas considerablement affermi ces colonies septentrionales dans les territoires russes. Il y avait longtemps en effet que les Scandinaves et surtout les Suédois étaient en relations avec la Finlande, les Provinces Baltiques et les pays limitrophes de la Russie septentrionale, et même que les rivages de la mer Blanche, le Bjarmaland des Scandinaves, ces contrées éloignées, riches en précieuses pelleteries et même, dit-on, en argent, étaient fréquemment visitées par d'audacieux corsaires et marchands norvégiens, — lorsque précisément à l'époque des grandes expéditions de corsaires, furent ouvertes pour la première fois des relations commerciales plus animées entre les pays septentrionaux, l'Asie et l'empire d'Orient, à tra-

[1]) A. Sohlman, *Om lemningarne af svensk nationalitet uti Estland och Liffland*. Stockholm, 1852.

vers l'intérieur de la Russie; c'est ce qu'attestent de nombreuses trouvailles de monnaies faites en Russie et au Nord.

En Norvège, mais incomparablement plus souvent sur le littoral de la Baltique et particulièrement dans les îles de Bornholm, d'Œland et de Gotland, on découvre de temps à autre de grands trésors de monnaies coufiques ou arabes, frappées par les princes Abbassides de Bagdad et la dynastie samanide du Khorassan et du Sadjestan. Les plus anciennes de ces pièces remontent à l'an 750 environ, mais comme elles se trouvent toujours mêlées à des monnaies plus récentes et que celles-ci sont les seules à prendre en considération pour fixer l'époque de l'enfouissement, des comparaisons nombreuses ont montré que ces relations avec les pays musulmans n'ont pas commencé en Danemark avant l'an 900 environ, et un peu plus tôt, vers l'an 850, en Suède, par suite de la plus grande proximité de ce pays avec la voie commerciale de l'est. L'île de Gotland, en particulier, où une étonnante quantité de monnaies arabes ont été et sont encore journellement découvertes, semble avoir été le centre, le principal entrepôt de ce commerce entre l'Orient et le Nord. Ces relations durèrent quelques siècles, jusqu'à ce qu'elles fussent interrompues au XIe, XIIe siècle, par des bouleversements dans l'intérieur de la Russie méridionale. En connexion avec les monnaies arabes, on trouve fréquemment de nombreux anneaux, souvent brisés, des fibules et d'autres parures d'argent, dont quelques-unes peuvent avoir été fabriquées au nord, mais qui pour la plupart, à en juger par le style, doivent avoir été importées d'Orient avec les monnaies. Des objets d'argent tout-à-fait semblables font aussi partie des trouvailles russes correspondantes, et jusque aujourd'hui sont encore en partie usités chez les peuples orientaux. Une profusion d'argent jusqu'alors inconnue dans le nord scandinave se manifeste à cette époque conjointement avec l'abondance d'or totalement dominante auparavant[1]). Avec les monnaies coufiques, on trouve égalemeut au Nord d'autres monnaies étrangères qui indiquent des relations commerciales avec divers pays. Les monnaies byzantines du Xe, XIe siècle, dénotent la reprise des relations entre le Nord et Byzance, relations qui étaient passablement animées au Ve et surtout au VIe siècle, mais qui, pendant près de trois siècles, avaient été interrompues. Avec les monnaies byzantines, furent également importées au Nord, ce n'est pas douteux, des parures byzantines et des étoffes précieuses, notamment le *pavolok*, si estimé et souvent cité dans les sagas, mais qui n'est pas plus amplement désigné, de sorte que l'on ignore si c'était de la soie, du velours ou un tissu de pourpre. Il est du moins certain qu'à cette époque les Scandinaves, comme l'attestent les Sagas et les trouvailles dans les tombeaux, étaient en possession de précieuses soieries brodées d'or et qu'en général le costume, surtout celui des chefs, était orné avec un luxe et un faste peu conformes avec l'idée que l'on se faisait à l'étranger de peuples septentrionaux, à demi sauvages et vêtus de peaux[2]). Parmi les parures septentrionales, on remarquait aussi, comme auparavant dans le moyen âge de fer, des bractéates d'or et d'argent, frappées au Nord en imitation des monnaies byzantines et coufiques.

---

[1]) Des spécimens de ces objets d'argent sont figurés dans mes *Nordiske Oldsager*, p. 98, fig. 411; p. 107. fig. 449; p. 108, fig. 450. 451; p. 109, fig. 454; p. 110, fig. 455, 456; p. 111, fig. 457; p. 113, fig. 467—469. Cette dernière figure, n° 469, qui semble représenter le marteau de Thor pourrait être d'origine septentrionale malgré le dessin triangulaire pointillé qui est certainement d'origine orientale. Cfr. Dr. H. H. Hildebrand. dans *Svensk Manadsblad*, pour l'année 1871, p. 49—55.

[2]) Cfr. ma description des trouvailles de Mammen dans les *Aarbøger* pour 1869, p. 203—218, pl. I—IX, traduit en français dans les *Mémoires* de la Société, 1866—1871, nouv. série, p. 227—241; pl. I—IX, aussi tiré à part.

Il ne faut pourtant pas perdre de vue que l'on pouvait alors, de l'Europe méridionale et occidentale, importer au Nord des tissus précieux. Car avec les monnaies byzantines et coutiques, on trouve au Nord et dans la Russie septentrionale, mais surtout dans l'île de Gotland, une étonnante quantité de monnaies allemandes et anglo-saxonnes, indice suffisant qu'à cette époque, où les relations entre l'Europe et l'Orient étaient encore généralement peu fréquentes, la Scandinavie était le centre du commerce de l'Orient avec le Nord et le Nord-ouest de l'Europe, où les Scandinaves, à la faveur de leurs grandes conquêtes et de leurs établissements coloniaux, importaient des monnaies et des denrées orientales. Aussi un assez grand nombre de monnaies coutiques, frappées dans le bassin de la mer Caspienne, ont-elles été découvertes, parfois avec des objets orientaux d'argent, au nord de l'Angleterre (trouvaille de Cuerdale), en Irlande et en Normandie; ainsi, précisément dans les contrées de l'Europe occidentale, dont les colonies scandinaves étaient fréquemment visités par des marchands septentrionaux[1]). De même dans tout le plateau du nord de l'Allemagne, mais principalement sur le littoral des Provinces Baltiques, on exhume fréquemment des trésors de monnaies arabes.

Au nombre des principales places du littoral de la Baltique, servant d'entrepôt pour le commerce du Nord avec Byzance et l'Orient, il faut citer Hedeby en Slesvig, où se réunirent jusqu'au XIIe siècle beaucoup de navires à destination de Russie, de plus Bornholm, Jom ou Joumna avec la célèbre citadelle de Jomsborg, sur la côte vendique, dans l'île de Wollin, à l'embouchure de l'Oder, Truso près Elbing à l'embouchure de la Vistule, les îles d'Œland et

[1]) Sur les trouvailles de Cuerdale, voy. *The archæological journal of the archæolog. Inst. of Gr. Britain and Ireland.* vol. IV, Londres, 1847, Remarques de E. Hawkins, p. 111—130, 189—199, et de l'auteur du présent mémoire p. 200—203.

de Gotland, et la ville de Birka et celle de Sigtun sur le lac Mælar. Les denrées de Byzance et de l'Orient étaient amenées à ces entrepôts, partie sur le Danube, à travers la Hongrie, et le long de la Vistule et de l'Oder, partie sur le Dniepr et le Wolga, à travers la Russie, en passant par Kiew et Moscou, et transportés plus loin, soit par la Duna jusqu'au golfe de Riga, soit par la ville de Novogorod sur le lac Ilmen et par son port Aldegiaborg à l'embouchure du fleuve Wolchow dans le lac Ladoga. Un fait significatif à cet égard, c'est que les trésors de médailles arabes sont remarquablement nombreux dans la Russie, aux environs de Moscou[1]).

De même que l'on a des notions sur les marchands arabes que ce commerce important et étendu amenait de l'est jusqu'aux rives de la Baltique[2]), de même il était naturel que les marchands danois et surtout suédois pénétrassent plus tôt et en plus grand nombre dans l'intérieur de la Russie dont ils étaient plus rapprochés. On rapporte aussi que les Danois auraient de bonne heure fait des conquêtes dans le Samland, à l'embouchure de la Vistule, et y auraient fondé une colonie, sans doute pour le commerce avec Byzance et l'Orient. Il est pourtant plus certain que les Suédois se sont plus souvent et continuellement établis dans les Provinces Baltiques et sur les côtes de la Finlande jusqu'à Aldegiaborg, d'où partaient les voies de communication avec la Russie, alors appelée la grande ou la froide Svithiod. C'est principalement à Novogorod ou Holmgard, en partie fondée par les Scandinaves, et à Kiew, que s'établirent peu à peu de nombreux commerçants suédois et danois. Autour d'eux se rassemblaient certainement les septentrionaux qui allaient en Russie ou poussaient jusqu'à Byzance dans des expéditions soit commerciales, soit guer-

[1]) D'après une carte exposée au Congrès de Moscou.

[2]) Rasmussen, *De orientis commercio cum Russia et Scandinavia medio ævo.* Havniæ, 1825. in 4°.

rières. D'après le témoignage des chroniques russes, il y avait dès le IXe siècle des guerriers russes ou varègues au service des princes russes, comme il y en avait alors dans les cours et les armées des rois anglo-saxons. Plus tard d'autres septentrionaux, venus jusque de la Norvège ou de l'Islande encore plus éloignée, s'enrôlaient également dans la garde des empereurs de Constantinople où, sous le nom de Varègues ou Værings, ils gagnaient à la fois de la gloire, de l'influence et de grandes richesses.

Les anciennes traditions russes rapportent que des guerriers septentrionaux, Rurik, Sineus et Truvor, appelés du Nord par les princes et les peuples Slaves, furent avec Oskold et Dir, arrivés plus tard à Kiew, les fondateurs de nouveaux états dans les principales villes de la Russie. Cette légende signifie seulement que les Scandinaves et principalement les Suédois, établis sur différents points de la Russie, étaient devenus assez nombreux et puissants pour assurer leur domination sur les indigènes à la faveur des troubles et des divisions régnant dans le pays, et avec l'aide de chefs et de guerriers septentrionaux en partie appelés[1]). C'est de la même façon que furent fondés à la même époque les états normands dans les îles Britanniques et en Normandie. Comme à l'ouest, il y eut d'abord à l'est plusieurs grands et puissants duchés, jusqu'à ce que le grand duc Oleg (ou Helgé) les réunît par ses conquêtes vers l'an 900 et fondât ainsi l'empire russe proprement dit, le Gardariké des Scandinaves. Les noms Russie et Russe sont dûs évidemment à une influence septentrionale ou suédoise, vu que, dans les sources les plus anciennes et les meilleures, les Russes sont clairement désignés comme un peuple varègue ou septentrional.

[1]) C'est ce que confirme notamment le fait rapporté plus haut (p. 187), savoir que les parures et les armes septentrionales, au moins dans les environs de Moscou, se trouvent exclusivement dans les tombeaux des chefs.

A partir de cette époque, les relations entre la Russie et le Nord devinrent plus animées que jamais auparavant. Les grands-ducs russes cherchaient asile et secours au Nord; les rois et les chefs scandinaves à leur tour se réfugiaient à la cour des princes russes. De mutuelles alliances furent contractées entre ces familles princières et de nombreux Scandinaves, dont les noms corrompus sont encore reconnaissables sous la forme slave des chroniques, accompagnaient les grands-ducs russes dans leurs expéditions militaires et prenaient part à la conclusion d'importants traités avec les Empereurs Grecs[1]).

Ainsi, lorsque le successeur d'Oleg, le grand-duc Igor ou Ingvar, fit en 941 sa première expédition à Constantinople, expédition célèbre malgré sa mauvaise issue, il avait réuni une grande quantité de guerriers suédois, et aujourd'hui encore la Suède possède un grand nombre de pierres runiques, dont les inscriptions parlent »d'hommes qui étaient à l'est avec Ingvar«, »qui gouvernaient des navires dans la flotte d'Ingvar«, »qui moururent en orient avec Ingvar«. Lorsque Ingvar voulut faire une nouvelle expédition et qu'il eut appelé autour de lui de grandes bandes de Scandinaves, l'Empereur grec se hâta de conclure une paix qui assurait non seulement aux Russes, mais certainement aussi aux Scandinaves de grands privilèges commerciaux à Constantinople, où des septentrionaux de plus en plus nombreux, favorisés par la situation de la Russie, se rendirent alors soit pour faire le commerce, soit pour entrer dans la garde impériale, composée de Væ-

[1]) A la suite de l'excellente traduction de la chronique russe de Nestor par C. W. Smith. Copenhague. 1869. K. Gislason a donné. p. 321—326. l'explication de nombreux noms de peuples scandinaves qui figurent dans la Chronique. Sur les dénominations russes des cataractes du Dniepr qui sont positivement septentrionales. voy. les remarques de Smith. Ibid. p. 221—222.

rings[1]). Les documents byzantins sont des témoignages parlants de la grande réputation de bravoure et de prudence dont jouissaient les Scandinaves[2]).

De même que les expéditions et les conquêtes des corsaires scandinaves dans les pays occidentaux avaient amené au nord de nombreux courants d'une civilisation nouvelle, de même les relations avec Byzance à travers la Russie devaient apporter de l'Est au Nord beaucoup d'avantages matériels et moraux. Le Nord devint même pour un certain temps le centre d'un commerce important avec l'Orient et Byzance, qui prit une grande influence sur la civilisation du Nord même, et qui certainement aussi ne contribua pas peu à affermir la puissance des Septentrionaux dans leurs colonies occidentales. En outre, beaucoup de Værings rapportaient de Byzance la foi chrétienne qu'ils y avaient adoptée, ou bien s'y étaient fortifiés dans cette foi qui alors pouvait avoir besoin d'être appuyée au Nord.

De cette façon, l'on peut bien dire que le Nord fut récompensé des services qu'il avait rendus à la Russie, en la mettant en plus intime relation avec le reste de l'Europe et en contribuant à l'établissement et à la fondation de l'empire qui allait devenir si puissant. Les courants de civilisation et de migrations entre la Scandinavie et le

1) Les nombreuses notions sur les Scandinaves en Russie et à Byzance, que renferment les sources septentrionales, ont été réunies dans les *Antiquités russes* éditées par C. C. Rafn, pour le compte de la Société des antiquaires du Nord, T. I, II, in-4° Copenhague 1850—1852.

2) Quant à l'inscription runique du lion du Pirée, qui fut transporté d'Athènes à Venise par Morosini, et où l'on a cru trouver un témoignage contemporain sur un exploit de l'un des plus célèbres Vikings, Harald Hardradé, plus tard roi de Norvège, il faut remarquer que, si cette inscription est bien scandinave, elle est tellement détériorée et si incomplète, qu'elle est à peu près totalement illisible, comme j'ai pu m'en convaincre, à la suite d'observations répétées sur les lieux mêmes.

nord de la Russie eurent, pour ainsi dire, une continuation dans les Croisades que les rois de Suède et de Danemark firent plus tard en Finlande, en Esthonie, en Courlande et en Livonie, pour dompter le paganisme, et porter dans ces contrées éloignées la civilisation chrétienne et européenne.

Les recherches comparatives qui précèdent ont dû montrer que les grands courants de civilisation universelle ont eu leur racine dans les temps préhistoriques et que les mouvements de la civilisation en Europe, depuis le commencement de l'âge de pierre, ont généralement suivi des directions identiques.

Les migrations préhistoriques et les relations sociales, qui ont pris naissance en Asie et au nord de l'Afrique, se sont en effet répandues dans l'Europe méridionale y compris le sud de la Russie; et plus haut on remonte, plus lentement elles se sont propagées du sud et du sud-est: pendant l'âge de pierre, principalement le long des côtes; pendant les âges de bronze et de fer, partie à travers la Gaule jusqu'aux îles Britanniques, partie à travers l'Europe centrale jusqu'aux pays septentrionaux, où elles sont arrivées relativement tard, mais où en revanche elles ont pu se maintenir longtemps à un état plus primitif dans les contrées isolées, et où elles ont eu le temps de se développer avec des particularités appréciables. Il n'y a d'exception que dans l'extrême nord pour les peuples finnois et lapons, et en Russie pour les tribus slaves, qui semblent être venues les dernières, par l'est, de l'Asie septentrionale et centrale; mais aussi, notamment au Nord, elles n'ont, malgré leur extension ultérieure dans de vastes territoires de l' Europe centrale, participé que tardivement aux autres courants de civilisation européenne, et, à l'origine, en partie sous l'influence des Scandinaves et des peuples voisins.

Aussi doit-on sans doute abandonner les hypothèses longtemps admises par la science, qui considéraient les

Finnois et les Lapons comme les derniers descendants des aborigènes de la Scandinavie et même de toute l'Europe jusqu'au Sud, d'où ils auraient été peu à peu refoulés vers l'extrême nord. De même, on sera certainement aussi forcé de rejeter les anciennes théories héréditaires sur la Russie considérée comme l'avant-dernière station des peuples scandinaves, station d'où une ou plusieurs tribus, déjà complètement pourvues du caractère scandinave, auraient successivement émigré en Suède, en Norvège et en Danemark. Il y a même lieu de douter si une race spécialement scandinave est, comme telle, réellement venue au Nord de pays lointains, et si la nationalité spécialement scandinave ne s'est pas plutôt développée avec toutes ses nuances, au Nord même, dans les trois royaumes septentrionaux, comme conséquence d'anciens mélanges de population et de circonstances locales et climatériques.

Mais si la Russie en général, sans en excepter les parties méridionales, qui de bonne heure ont atteint un haut degré de civilisation, n'a joué qu'un rôle peu important en Europe dans les grandes revolutions sociales des temps préhistoriques et même de la période historique suivante, son rôle sera d'autant plus grand à l'avenir. Elle aura non seulement à répandre la nouvelle civilisation européenne dans une immense étendue de territoires asiatiques, mais la race slave-russe se prépare évidemment avec autant d'habileté que d'énergie à mettre en mouvement un nouvel et énorme flot de civilisation; et celui-ci, comme les précédents qui se sont répandus du sud et du sud-est sur l'Europe, contribuera à infiltrer un nouveau sang dans les veines de notre vieux monde, et arrivera certainement avec les années à se mesurer avec les forces dominantes aujourd'hui.

Telle est la revanche que la Russie prendra du rôle moins important, qu'elle a joué dans le passé au point de vue de la civilisation universelle; elle peut attendre avec confiance le brillant avenir qui lui est reservé.

www.ingramcontent.com/pod-product-compliance
Ingram Content Group UK Ltd.
Pitfield, Milton Keynes, MK11 3LW, UK
UKHW021059260726
13994UKWH00002B/594

9 782329 353340